Evaluation of Non-Degree Education in Chinese Universities

中国高校非学历教育事业评价

周勇 著

中国社会科学院数量经济与技术经济研究所
中国社会科学院大学黄埔高等研究院

中国社会科学出版社

图书在版编目（CIP）数据

中国高校非学历教育事业评价/周勇著．—北京：中国社会科学出版社，2023.5

ISBN 978－7－5227－1910－8

Ⅰ.①中…　Ⅱ.①周…　Ⅲ.①高等学校—非学历教育—教育评估—研究—中国　Ⅳ.①G647

中国国家版本馆 CIP 数据核字(2023)第 085443 号

出 版 人　赵剑英
责任编辑　黄　晗
责任校对　李　莉
责任印制　王　超

出　　版　中国社会科学出版社
社　　址　北京鼓楼西大街甲 158 号
邮　　编　100720
网　　址　http://www.csspw.cn
发 行 部　010－84083685
门 市 部　010－84029450
经　　销　新华书店及其他书店

印　　刷　北京明恒达印务有限公司
装　　订　廊坊市广阳区广增装订厂
版　　次　2023 年 5 月第 1 版
印　　次　2023 年 5 月第 1 次印刷

开　　本　710×1000　1/16
印　　张　14.25
插　　页　2
字　　数　202 千字
定　　价　78.00 元

前　　言

党的二十大报告提出,到 2035 年，中国要建成教育强国、科技强国、人才强国、文化强国、体育强国、健康中国，国家文化软实力显著增强。教育、科技、人才是全面建设社会主义现代化国家的基础性、战略性支撑。必须坚持科技是第一生产力、人才是第一资源、创新是第一动力，深入实施科教兴国战略、人才强国战略、创新驱动发展战略，开辟发展新领域新赛道，不断塑造发展新动能新优势。要坚持教育优先发展、科技自立自强、人才引领驱动，加快建设教育强国、科技强国、人才强国，坚持为党育人、为国育才，全面提高人才自主培养质量，着力造就拔尖创新人才，聚天下英才而用之。要办好人民满意的教育，坚持以人民为中心发展教育，加快建设高质量教育体系，发展素质教育，促进教育公平。统筹职业教育、高等教育、继续教育协同创新，推进职普融通、产教融合、科教融汇，优化职业教育类型定位。引导规范民办教育发展。深化教育领域综合改革，完善学校管理和教育评价体系，健全学校家庭社会育人机制。推进教育数字化，建设全民终生学习的学习型社会、学习型大国。党的二十大报告关于教育的表述为中国高校非学历教育发展指明了新的方向，也预示着这一领域新的发展机遇。

近年来，国家对非学历教育的定位已经越来越明确，围绕非学历教育，决策者不断深化其定位内涵。这从近十年来国家发布的多份文件的相关表述中可以看出。构建服务终生学习的现代教育体系和建设学习强国已成为实现“两个一百年”的重大国家战略。但高校非学历教育当前也面临巨大挑战，相关的政策、资源配套跟不上是重要原因。高校对非学历教育部门的支持有限，比如有的高校将非学历继续教育视为单纯的营收手段，办学所需资源由学历教育剩余、闲置、淘汰资源勉强应付。非学历教育部门虽是创收大户，却是话语权、资源使用权、待遇边缘化部门，而且非学历教育学员也不能享受和学历教育学生同等的教育待遇。现阶段，高校集中了中国最优质、规模最庞大的成人教育、继续教育资源，仍是中国高层次非学历教育的主战场，因此，需要对中国高校非学历教育[①]进行评价，以为相关政策供给和完善提供有益建议。

① 如无特别说明，本书中高校非学历教育与高校非学历继续教育为同一概念。

目　　录

第一章　本书简要说明

《中华人民共和国国民经济和社会发展第十四个五年规划和2035年远景目标纲要》提出，要构建高质量教育体系，完善终生学习体系，建设学习型社会，这既给中国高校非学历继续教育发展带来了新的机遇，也提出了更高的要求。继续教育发展涉及事业、产业、消费等领域。高校非学历继续教育是我国继续教育的重要组成部分，堪称核心；学历教育和非学历教育是驱动高等教育发展的“双轮”，当前，中国高校更多的是学历教育单轮驱动，亟须提高非学历教育发展水平。在国家战略指引下，当前粤港澳大湾区正在建设充满活力的世界级城市群、具有全球影响力的国际科技创新中心、“一带一路”建设的重要支撑、内地与港澳深度合作示范区、宜居宜业宜游的优质生活圈，需要发展高校非学历继续教育事业，推进高校非学历继续教育产业，激发高校非学历继续教育消费。例如在消费领域，2021年7月19日，经国务院批准，广州等五个城市率先开展国际消费中心城市培育建设，与此同时，粤港澳大湾区各大城市也在发力消费经济，高端非学历继续教育理应成为该区域重要的消费内容。

中国高校非学历教育形式主要有五类。一是针对商务中高层、经济成功人士和社会高端人士举办的研究生课程班、高级课程班；二是国家或省级政府部门主导的非学历教育，由高校继续教育部门承办，如国家级职教培训项目，省高职院校教师培训项目等；三是职业资格证书的非学历教育，如化工分析师的培训项目等；四是各种辅导班，如成人高考辅导班、英语考试辅导班等；五是社会企业需求的各种培训，如企业会计师的培训、农村干部的培训等项目。[①] 中国对教育事业的评价较多，对教育产业、教育消费的评价较少。关于教育产业、教育消费，中国在改革开放前期，主要是20世纪80年代到21世纪初，学术界讨论较多，后来因为种种原因，逐渐沉寂。但在实际运行中，中国从来没有停止对教育产业、教育消费的探索，尤其是成人教育、继续教育、非学历教育产业和消费。这种探索还包括政策实践，除教育部（原国家教委）外，其他各部委相关政策文件中从来没有漏掉培训或者非学历教育产业和消费的相关表述，并视其为国民经济促进因素、消费增长点、新兴产业、科技服务业，甚至城市化、经济运行、高质量发展、新发展格局构建等都离不开非学历教育培训。依据基本理论、现实功能、国家文件精神，在笔者的研究框架中，高校非学历教育包括事业、产业、消费三个方面。可以说高校非学历教育是事业、产业、消费三位一体，是科教兴国的重要载体、教育强国的重要依托，也是产业转型升级的重要抓手、高水平科技创新的重要依托，更是发挥消费对经济发展基础性作用，促进高端消费回流的重要领域。本书严格依据上述“三位一体”框架划分研究边界，聚焦高校非学历教育事业，具体而言是，在新发展理念指引下，把握高校非学历教育事业现状、演进规律，希望通过建立评价体系，发挥评价指示作用，推动我国高校非学历教育事业进一步发展。

非学历教育评价针对性、实用性强，与经济学（包括产业经济学、消费经济学等）、管理学、心理学、教育学等学科都有着一定的联系，但至今并没有形成一套独立完整的理论体系。许多学者根据评估需要，从某个学科的角度建立评估模型。关于非学历教育评价的文献更多体现在继续教育评价相关研究中，目前学术界提出的可用于评估非学历教育

① 王丹、贡福海：《泛在学习视角下的高校成人非学历教育创新模式探究》，《成人教育》2017年第1期。

培训效果的模型有 10 种，其中柯氏评价模型和杰克·J. 菲利普斯五级培训评估模型操作性较强。[①] 国内关于高校非学历教育的研究涉及职业教育、成人教育、学历教育、非学历教育、培训等领域，相关研究如非学历教育体系[②]、国家标准政策[③]、胜任特征[④]、质量监控[⑤]等。但国内已有相关研究较庞杂，缺少整合框架，而且更多聚焦于教育领域本身，跨学科研究少。主要依据西方理论进行应用研究，没有出现有影响的基础原创性学说。在服务国家发展战略方面，研究视野也还不够，比如较少涉及教育消费内需刺激功能。当前，中国正在推行供给侧结构性改革，发力高质量发展，构建"以国内大循环为主，国内国际双循环"新发展格局，迫切需要激发内需经济活力。在需求"三驾马车"中，近年投资、出口拉动作用越来越有限，而消费潜力空间仍然巨大，发展包括高校非学历教育在内的教育消费无论是理论探索还是实践摸索，都亟待突破。但很显然，我国关于非学历教育的研究更多地处在供给层面，囿于投资领域，对非学历教育事业研究较多，对非学历教育产业研究有限，尤其缺少需求端非学历教育消费研究。这些研究不足在高等教育领域尤为突出，高校集中了中国体制内最优质的教育资源，是中国非学历教育，尤其是高层次非学历教育发展的基本依托，当前亟须强化高校非学历教育"学生—高校学历教育—学员—高校非学历教育……"全循环链研究，将事业、产业和消费系统相结合，使供给和需求完全整合起来，进行综合分析，构建发展标准和完

---

① 中国人民银行海口中心支行人事处课题组：《我国央行培训绩效评估研究》，《河南金融管理干部学院学报》2009 年第 1 期。

② 张孝皇：《国际视野下中国现代职业教育体系的构建研究》，硕士学位论文，西南大学，2019 年。

③ 张英：《中国非学历教育培训行业国家标准政策的发展与完善的研究》，硕士学位论文，东南大学，2016 年。

④ 王重鸣、陈民科：《管理胜任力特征分析：结构方程模型检验》，《心理科学》2002 年第 5 期。

⑤ 赵雅：《基于 PDCA 循环的高校非学历教育质量监控研究》，硕士学位论文，天津大学，2016 年。

善评价体系。

本书具有多方面学术价值。一是实证研究价值。提供关于中国高校非学历教育的全景式描绘，并构建评价体系，对其现状进行定性与定量结合的精准把握。二是应用研究价值。进行经验资料收集，既注重吸取教训、总结成功经验、提出政策建议，也重视理论分析，以便将已有理论成果应用于实践。三是基础研究价值。通过经验研究，为继续教育理论进一步升华打下坚实基础，并深化高校非学历教育相关基础研究。

本书的理论意义在于，能够从数据和资料整理、研究体系构建、研究力量培养、研究组织等方面进一步夯实我国高校非学历教育研究基础，并推动其进一步适应新发展理念、新发展格局构建、跨学科探索的需要，从而更多地拓展其研究外延，深化其理论内涵。实践意义在于，评价国家相关政策及其落实情况、目标效果，为教育立法、行政、管理、服务部门提供政策建议。跟踪和把握行业发展的战略背景和现实运营情况，有利于行业自组织和产业协调，有助于相关事业部门服务社会、相关产业机构经营发展。因此，对于相关政府部门、行业组织、社会机构、企业均有重要咨询意义。具体的政策建议主要针对国家相关部门，如事业发展建议可供教育部参考，产业发展建议可供发改委参考，消费发展建议可供商务部参考。

本书的研究思路是，先对新时期高校非学历教育的事业内涵和外延进行界定，对内在规律、相关机理展开分析，在此基础上建立评价框架；然后结合调研、工作实务和文献资料对高校非学历教育事业进行具体评价；最后作归纳总结，提出政策建议。本书关于高校非学历教育事业评价基于一些基础性的认识，有以下一些代表性观点。一是学历教育和非学历教育是高等教育事业发展的一体两翼，当前中国高校急需提高非学历教育事业发展水平。二是高校非学历教育本身面临转型升级，高校非学历教育培训行业将成为成人教育的主流和重要市场增长点。三是高校非学历教育事业将在贯彻新发展理论，构建“国内大循环为主体、国内国际双循环”新发展格局，激发教育潜能，促进区域转型发展中发挥重要作用。四是非学历继续教育事业将在中国高等教育转型、普通高中和职业高中分流、“学历证书＋职业技能等级证书”制度推行过程中焕发更强劲生命力，中国高校成人继续教育将迎来继学历教育后的又一次非学历教育高潮。五是高校非学历教育事业面临一个更加泛化的背景，例如它将突破传统的教育领域，在消费领域扮演重要角色，同时它可能而且需要更多引入社会力量办学，因而产业特征越来越明显。所以在一个泛化的环境中，需要对其进行细分分析，比如本书专门针对狭义意义上的高校非学历教育事业进行研究，以区分开高校非学历教育消费和高校非学历教育产业评价。六是人民群众生活水平进一步提高、中国制造向中国智造转型、教育培训高质量发展，三者具有内在一致性，为此需要更多发展高端非学历教育和研修培训。七是体制内外机构均能够在高校非学历教育事业高质量发展中发挥重要主体作用，一方面要更多依靠市场力量，出台优惠政策，打造基础平台，促进其发展；另一方面要强化监管，维护公平公正公开市场环境，规范其发展。八是高校非学历教育治理还需要注意风险防范，着力解决好高校非学历教育领域的社会稳定问题。为落实国家相关教育和经济社会发展规划目标，学术界需要对高校非学历教育事业进行长期动态跟踪，适时作出评价建议。尤其在促进高校非学历教育事业进步、推进相关区域、领域和专业发展等方面，相关智库机构应通过提出评价建议，服务国家和地方决策。根据主体属性、发展特点，本书对中国高校非学历教育事业进行分类评价。

第二章　高校非学历教育相关文献梳理

一　非学历继续教育概念

许多研究者对非学历继续教育概念进行了讨论。

呼达古拉等认为，非学历教育这个概念是相对于学历教育而言的。非学历教育是指学历教育（指系统的初等教育、中等教育和高等教育）以外的，根据各种实际需求而进行的其他教育，主要有岗位培训、项目培训、专业技术培训、行业培训和各种层次的非学历继续教育以及短期学习培训等。①

庄磊认为，非学历教育通常指的是在国家学制系统的学校教育阶段之后，面向全体社会成员，为满足职业发展需求或获取某类技能需求而开展的有关知识、技能和态度的教育与训练，也被称为“培训”。我国高校非学历教育，是指我国各类高校面向社会开展的不授予学历学位的继续教育、专业知识技能培训、涉外教育培训等。非学历教育相比学历教育具有较明确的职业目标导向，形式相对灵活、内容丰富多样、学习周期相对较短（有些非学历教育时间可能是数周或者数月，也有的稍长，但普遍短于学历教育）。非学历教育的时间跨度、覆盖范围更大，其重要程度丝毫不亚于学历教育。在高等教育领域，非学历教育是高校

① 呼达古拉、旭昕、包权：《国际比较视野下的开放大学非学历教育发展趋势》，《云南开放大学学报》2021 年第 4 期。

教育教学职能的重要组成部分，也是高校社会服务职能实现的重要途径之一，是高校的一项重要工作。①

赵丽雯认为，学历教育是指由国家教育机关统一制定学制，以学校为载体进行的系统理论知识和实践知识教育，完成后授予相应学历；非学历教育是指除学历教育之外的，面向大众的岗位技能和专业知识的各类培训、进修及研修，完成后不授予学历证书。二者的有机结合和相互补充，是构建终生学习型社会的必然要求。②

孙平认为，非学历教育主要包括职业教育、专业技能培训、进修等教学培训活动，在完成培训之后，由培训主管单位或部门，颁发与之对应的结业证书，具有办学形式多样化、培训人员结构复杂、培训课程针对性强等几个主要特点。③

王慧芳认为，高校非学历教育是整个社会非学历教育中的重要组成部分，它是指社会成员，尤其是指已经脱离了正规学历教育后，依托高校办学资源建立起来的各类培训、进修等多种教育方式。④

王福胜等认为高校非学历教育旨在补充知识、提升技能，满足经济转型和产业结构升级过程中对劳动者专业素养的更高要求，以及社会成员对个人综合发展的需求。高校非学历教育的社会需求日益增长，市场规模和发展潜力巨大。⑤

张雅婷等认为，非学历教育是指并非为了取得学历而进行的教育活动。一般来说，它是为提高人的全面素质而开展的教育活动，能够补充

---

① 庄磊：《我国高校非学历教育发展政策分析与建议》，《大学教育》2021 年第 7 期。

② 赵丽雯：《财商学历教育与非学历教育融合发展路径探索》，《质量与市场》2021 年第 11 期。

③ 孙平：《艺术类高职非学历教育教学管理模式实践探究——以苗族银饰工艺创新设计人才培养项目为例》，《湖北开放职业学院学报》2021 年第 6 期。

④ 王慧芳：《高等院校非学历继续教育发展研究》，华东师范大学，硕士学位论文，2014 年。

⑤ 王福胜、李海伟：《三维视角下的普通高校非学历继续教育发展规律》，《高等继续教育学报》2018 年第 4 期。

学历教育中所缺少的技能和知识，也是培养社会急需人才的一种多层次的教育。非学历教育是在我国公民教育需求面扩大、教育质量不断提高、教育形式不断丰富的基础上孕育而生的，是我国建设人才资源强国和促进教育公平的重要举措，也是全民学习、终身教育、建设学习型社会的重要践行内容。①

蔡晓东等认为，在终身教育视野下，“人人、时时、处处”的学习理念打破了学习对象和时空的限制，学习者通过非学历教育获得灵活便利的学习机会，以便随时在工作、学习和生活中实现角色转换。非学历教育有广义和狭义之分，广义的非学历教育是指除正规教育以外，为适应社会经济、文化、科技等时代发展需求，提升学习者知识、技能、能力、兴趣爱好及道德情操的教育。狭义的非学历教育是指依托政府、行业协会、高校、培训机构等建立起来的各级各类岗位培训、专业技能、专题知识、职业教育、社区教育和文化休闲等教育活动。非学历教育培训内容具有实用性、短期性和便捷性的特点，没有严格的入学要求，学时安排相对灵活，学习结束以后不授予与学历教育相混淆的证书和文凭，学习成果多以结业证明、课程或者学分证明等形式呈现。发展非学历教育已经成为成人高校提高人力资本开发利用率，满足市场需求，建设学习型社会，构建终身教育体系的重要路径，并发挥着越来越重要的作用。高校要抓住机遇，发挥属地管理、品牌效应、资源丰富等优势，大力发展非学历教育，服务区域社会经济发展，实现转型发展的新使命。②

陈敏艳等认为，非学历教育是国家培养社会主义技能型人才的主要途径。近年来，伴随着社会主义市场经济的迅速发展，非学历教育

① 张雅婷、陈萍萍、任伟：《非学历教育在广播电视大学转型发展中的策略研究——以新疆广播电视大学为例》，《新疆广播电视大学学报》2020 年第 4 期。

② 蔡晓东、孙旭东：《终身教育视野下成人高校非学历教育发展的路径选择——以北京开放大学为例》，《北京宣武红旗业余大学学报》2020 年第 1 期。

逐渐崛起，日渐被社会各界所认同，它具有自身独有的灵活性和实用性，已成为学历教育的有益补充。《国家中长期教育改革和发展规划纲要（2010—2020 年）》提出，在继续保持学历教育稳步发展的同时，必须加大力度推进非学历教育发展。将学历教育与非学历教育相结合，有利于推动终身教育体系的建设和早日实现学习型社会的宏伟目标。①

陈敏艳等认为，学历教育是各地教育主管部门依据国家教育部下达的招生计划和录取计划，有步骤地实施教学，要求学生在规定的时间内完成学业，获得国家统一印制的毕业证书和学位证书。凡是通过教育部批准的具有学历招生的学校，都属于学历教育。它包括普通高等教育、成人高等教育、广播电视大学等一系列的教育。②

顾明远对学历教育做了进一步解释，认为它是对学生实施系统化、专业化的初等教育、中等教育、高等教育的教育教学过程的统称，当学生按照教学规定完成学业之后，便可以获得相应的学历证书和学位证书。非学历教育是指除了学历教育以外，根据各种实际需要或为了完成某种特定任务而开展的教学活动。它没有严格的入学资格，通常以岗位培训、专业技术培训、创业就业培训等形式开展，重在对学习过程的评价，学习结束之后无法获得学历证书，是学习者主体自觉性的教育活动。学历教育与非学历教育在教学目标、教学内容等方面存在相同点。二者在教学目标方面，都重视理论和技能的培养；在教学内容方面也存在着一致性；教学方式都以面授为主，这些相同之处，为学历教育与非学历教育的接轨奠定了坚实的基础。③

吴学松认为，职业教育是为了满足人们在提高职业技能、学习职业

---

① 陈敏艳、张洁：《学历教育与非学历教育接轨策略研究》，《中国多媒体与网络教学学报》（中旬刊）2019 年第 7 期。

② 陈敏艳、张洁：《学历教育与非学历教育接轨策略研究》，《中国多媒体与网络教学学报》（中旬刊）2019 年第 7 期。

③ 顾明远：《论学历主义与教育》，《教育研究》1995 年第 4 期。

知识、提升职业道德水平方面的需求，帮助其在社会生产劳动中顺利地展开工作而进行的一种教育活动，这种教育也被称作职业技术教育，比如职业高中、中专、技校的教育活动都属于职业教育的范围。它又分为学历和非学历两种，学历型职业教育可以颁发国家认可的毕业证书，也可继续深造。无论是学历型还是非学历型，职业教育所培养的人才都是为了满足社会职业岗位的实际需要，且都以能力为中心。培养的人才属于职业型、岗位型而非科学型，是技能型而非理论型，是应用型而非学术型。从培养目的看，职业教育以应用型人才的培养为主，注重受教育者的实践技能和专业知识的应用能力，最大限度地满足学生的工作岗位需求，这样有助于国家产业结构的优化与转型，它也是社会发展到一定历史时期的必然产物。①

许宝丰认为，非学历教育是学生在特定时期所接受的阶段性教育活动，通常包括各种培训、进修等形式的教育活动，还包括研修类教育活动，比如学校开设的各种培训班，包括驾驶员培训、岗位培训、就业培训、考研辅导班等，这些都应当划归为非学历教育。从某种程度上讲，通过非学历教育实践活动，学生一旦成绩合格，就可以获得学校、培训单位授予的培训结业证明，但是没有毕业证书和结业证书，无法在此基础上进行深造。实际上，当前非学历教育的范围很广，它还包括社会教育、家庭教育和社区教育，且后三者在整个非学历教育过程中占据着重要位置。②

吴学松认为，《高等教育法》正式将学历教育与非学历教育统一于高等教育制度框架内，实现了对高等学历教育的科学分割，丰富了高等教育的内涵。国家连续出台发展继续教育的政策，极大地提升了继续教育的战略地位。高校应当率先服务国家战略，打破传统办学的樊篱，重视发展继续教育，将非学历教育与本科生教育、研究生教育一起作为向

① 吴学松：《高等非学历教育品牌构建策略研究》，《成人教育》2017 年第 10 期。

② 许宝丰：《职业教育与电大非学历教育的深度融合探索》，《电大理工》2019 年第 2 期。

社会提供人才的重要教育业态。在内部组织机构层面，在明确继续教育学院等部门归口管理职能的基础上，成立校继续教育发展指导委员会，将继续教育纳入高校年度目标和事业发展规划，每年至少召开一次继续教育工作会议，改善高校继续教育发展环境。①

张宏伟等认为，学历教育是指通过阶段性学习和教育完成规定的学业，取得相应的学历及学位证书的教育。非学历教育是指国家教育行政部门统一学制以外的继续教育、职业培训等活动，完成学习后不授予学历证书，可颁发相应的职业资格证书。与学历教育相比较，非学历教育无须参加统一的入学考试，没有统一的学时要求，不用参加统一的结业考试，是学习者的一种自愿自觉的活动，注重学习能力和实操技能的提升。学历教育授予学历证书，非学历教育泛指无权授予学历证书的各类培训教育活动；学历教育的教学内容主要是专业知识的系统理论教学与实验技能实训，而非学历教育主要以岗位就业培训、职业技能培训为主；学历教育主要承担普及高等教育的任务，非学历教育主要为生产和建设等领域的一线技能人才提供在职在岗职业技能培训；学历教育有固定的学制，而非学历教育培训时间较短且集中。学历教育与非学历教育的这些共通之处为二者的协调发展奠定了基础。②

崔吉义等认为，非学历教育主要是指职业教育、专业技术培训等，也可以说是“人才的可持续发展教育”，其特点为时间短、见效快，针对性和适应性强。高职教育紧贴行业、校企深度合作，根据行业主管部门、企事业单位不同利益主体对从业技术人员继续教育的不同需求进行在岗人员非学历继续教育。具有职业实用性，即在普通课程教学的内容、形式、功能和练习的基础上，专门结合职业工作特点而开设的，与职业岗位知识、素质及技能相关的，突出职业实用性需要的特色教学或

---

① 吴学松：《高等非学历教育品牌构建策略研究》，《成人教育》2017 年第 10 期。

② 张宏伟、丰壮丽：《学历教育与非学历教育融通发展探究——以投资与理财专业为例》，《济南职业学院学报》2017 年第 4 期。

专门的职业训练。依据特定职业工作岗位需要的特质，规划与设计突出实践性的职业实用性教学内容和方法。① 还具有教学方式灵活性。《教育大辞典》对“教学方式”的界定是：“教学方法的活动细节，教学过程中具体的活动状态，表明教学活动实际呈现的形式，如讲授法中的讲述、讲解、讲演；练习法中的示范、模仿等。没有独立的教学任务，服务于某一方法所要完成的任务。同一教学方式可以有不同的教学方法，不同的教学方式也可以包含于同一教学方法之中。它能使教师的工作方法形成独特风格，赋予教学方法以个人特征，也适应了学习者的个人特点。”②

赵锋认为，非学历教育这一概念通常是相对于学历教育而提出的，从某种意义上讲，学历教育之外的教育活动都属于非学历教育的范畴。非学历教育的对象不是为了获取学历和文凭证明，而是为了获取工作和生活知识、技能及培养个人的业余爱好。从所属层次分析，非学历教育是一种中学后继续教育；从类别属性看，非学历教育是整个教育活动中学历教育之外的其他教育类型；从表现形式看，虽然也区分层次标准，但非学历教育没有特别严格的学习年限上的规定，学习内容也根据学习者的实际需要而或多或少，并且学员不需经过选拔性考试而取得相应的等级资格等。职业院校的非学历教育是对职业院校面向社会各界开展的岗位培训、生活知识与技能培训、兴趣爱好培训等教育形式的统称。③

刘白玫认为，高等院校目前从事的继续教育包括两种类型。一种是面对成人和各类在职从业人员的学历继续教育。这类继续教育本质上是高等学校学历教育的延伸，基本功能是满足学习者对系统性专业知识的

---

① 翁惠根：《寓〈学生体质健康标准〉之管理建“三合一”高校体育综合管理系统之研究》，《北京体育大学学报》2005 年第 7 期。

② 崔吉义、张健：《国内外非正规教育与非学历教育的概念辨析》，《高教学刊》2016 年第 20 期。

③ 赵锋：《以高职院校为平台的非学历教育模式初探——基于“企校政”协同视角》，《成人教育》2016 年第 10 期。

需求。另一种是面向各类社会成员，为满足他们多样化、个性化的学习、工作、生活需求而开展的各种专题教育活动。这类继续教育不以学科为内容，不以专业为载体，没有固定的学制，没有统一标准的考核。①

刘白玫认为，非学历教育不以学历证书作为学习达标的标志，是近年来在高等学校内逐渐兴起的一种新教育形式，其特点、规律还处在认识探索过程中，具体实施中也存在极大的不稳定性和随意性。这类不以获得标准化基础知识和系统化专业知识为教学目的，不以学历证书为教学标志的继续教育可界定为非学历教育。②

陈瑶琴认为，非学历教育有其基本含义。当前，我国教育主要分为非学历教育和学历教育，其中非学历教育指的是成年人从高校脱离后接受的教育，是为了提升工作技能而开展的岗位培训教育工作，是其他教育的延续。可对非学历教育进行外延界定。从教育性质来看，非学历教育是学历教育以外开展的一项教育工作，是国家教育行政管理部门不会颁发教育证明的教学活动，对受教人员的学习时间以及学生的入学资格也没有特殊限制，更加重视教育主体学习的主动性。在教学内容方面，非学历教育主要是进行岗位知识和岗位技能方面的培训，对教学场所没有做出限制。从教育目标来说，非学历教育更加重视培养学生的职业技能、职业道德和职业素质，提高受教人员对工作的适应能力。从教育对象的角度来看，非学历教育对受教对象的入学资格没有做出限制，任何想提升自身专业能力的人都可以寻求接受非学历教育。在课程设置方面比较灵活，可以按照受教育人员的意志进行适当调整，在教学过程中，不存在师生之间的地位差别，整个教学过程更加注重学习、调研和讨论。总之，非学历教育有其不同于一般学历教育的显著特点，本质上属于应用型教育，教育的目的主要是培养受教育人员适应市场需求的岗位技能。非学历教育并不是为了获取文凭，而是要获得应用型技能，具有

① 刘白玫：《高等院校非学历教育实践性研究》，《中国冶金教育》2015 年第 5 期。
② 刘白玫：《高等院校非学历教育实践性研究》，《中国冶金教育》2015 年第 5 期。

较强的岗位意识，是为了达到专业技术的要求而开展的一项教育工作。①

何海新认为，目前高校开展非学历教育培训的规模比较大，几乎每所高校的成人继续教育部门都会开设非学历教育培训项目。学员参加非学历教育培训的目的大抵可分为以下两种情况。一种是希望通过考试培训来获得或提高学历，例如成人高考；另一种则是出于实际需求而参加培训从而获得专业知识，锻炼实践技能。就培训层次来看，非学历培训项目包含初级、中级和高级三个层次，初级层次主要涉及再就业和转岗培训，中级层次主要包括考取各种职业资格证书以及增强专业技能的培训，高级层次主要进行一些研讨活动的开展，以及进修班和研修班的开设。②

高小军认为，继续教育是指在义务教育之外，面向所有社会成员的各种系统的教育活动。继续教育主要包括以下几种办学形式。一是普通高校继续教育。普通高校继续教育是普通高校面向全体社会成员开展的教育活动，其以学历教育为主（注：也包括非学历教育，且非学历教育规模不断扩大），包括自考、函授、业余、远程教育等形式。自考是一种以个人自学为主、社会助学和国家统一考试相结合的教育形式，学习者根据国家规定的教学大纲和课程计划自主学习，按时参加考试，在通过教育计划规定的全部考试后，就可以获得相应专业的学历证书。自考以其不限年龄学历、时间灵活而被越来越多人青睐。函授和业余均需通过成人高考，是一种以自学为主、面授为辅，运用通信方式进行答疑的教育活动。函授的面授时间一般为寒暑假或节假日，业余一般安排在夜晚或双休日上课。现代远程教育是依托互联网等现代信息技术的远程教学模式，是继续教育的重要组成部分。目前，全国共有 68 所普通高校和国家开放大学正在开展现代远程教育试点工作，2021 年全国共招收成

---

① 陈瑶琴：《高校开展非学历教育的现状分析及建议》，《人才资源开发》2015 年第 18 期。

② 何海新：《高校非学历教育培训项目的设计与开发策略研究——以江苏高校为例》，《市场周刊》（理论研究）2016 年第 5 期。

人本、专科 378.53 万人，在校生 832.65 万人，而招收网络本、专科达 283.92 万人，在校生 873.90 万人。普通高校是继续教育的主力军，2021 年全国共有 3012 所高等学校，其中普通高等学校 2756 所，成人高等学校 256 所，绝大多数普通高校开办了继续教育学院。普通高校继续教育毕业生人数占成人本、专科毕业生人数的 90% 以上。二是成人高校继续教育。成人高等学校是经教育部审定核准举办成人高等学历教育的高校，坚持学历教育与非学历教育并举，旨在面向区域、行业、企业等不同人群提供相应的教育服务。成人高校继续教育已覆盖十三大学科门类，设置了岗位培训、课程进修、高中起点专科、高中起点本科、专科起点本科、课程进修班等较为完整的办学层次，主要包括国家开放大学、广播电视大学、职工高等学校、职业技术学院、管理干部学院、教育学院等。国家开放大学是面向全国开展远程开放教育的高等学校，主要采用非全日制教育形式，开展专科和本科学历教育、非学历教育和老年教育。国家开放大学和 44 所省级广播电视大学（地方开放大学）等共同组成了覆盖全国的开放教育一体化办学体系，办学 40 多年来累计招收学历教育学生 2050 万人，毕业学生 1512 万人，解决了 20 世纪五六十年代出生的两代人的学历补偿问题。三是社会教育。我国的社会教育包括学校以外的所有文化教育事业，根据教育对象的不同，可以分为青少年社会教育、老年教育等。青少年社会教育是社会机构、社会组织和个人，在家庭和学校以外的场所进行的，促进青少年成长发展的教育活动，传统的社会教育机构包括少年宫、博物馆、图书馆、科技馆、纪念馆等，现代较为受欢迎的素质教育课程主要包括艺术、体育、科创、游学、营地教育等。老年教育是以老年人群为特定对象所开展的教育、培训、交流和有组织的学习活动的总和，为老年群体提供颐养康乐与进取有为相结合的教育服务，帮助老年人在不断提高自身生活质量的同时，为社会主义精神文明和物质文明建设再做贡献。中国老年教育协会联系着全国 7 万多所老年大学和老年学校、800 多万名在校学员，以及参加远程教育的数百万学员。目前全国已有 29 个省（区、市）发布了老年教育相关政策文件，当前中国正将老年教育作为教育事业的重要组成部分，老年教育的社会共识度正在逐步增强。①

邵利群对非学历培训需求进行了调研分析，将就学群体分为三类。一是在校学生。通过对2000多名一、二年级的高职学生调查可知，有71.9%的学生想继续深造，获得本科文凭，有56.2%的学生有培训的计划，他们需要培训的重点项目排在前三位的分别是本专业岗位技能、管理能力提升、人际关系及沟通技能，有这三方面需求的人数占65%。最紧迫的培训需求排在前两位的是人际交往和专业技能，分别占36.8%和35.8%。二是企业员工。通过对1000多名不同企业的员工进行问卷调查，发现有70.6%的员工打算提升学历，有50%的员工有培训计划。他们需要培训的重点项目排在前三位的分别是本岗位专业技能、管理能力提升、行业新技术，分别占56.8%、23.2%、12.6%。最紧迫的培训需求是专业知识技能、管理能力提升、沟通交往能力提升，分别占34.2%、26.7%和23.1%。三是失业人员和转岗人员。通过对失业人员的调查，有一半以上的人认为失业是由于学历、自身能力不足等。有89%的失业人员愿意参加政府举办的再就业技能培训活动，认为培训对个人技能提升有帮助。他们在找工作时遇到的主要困难是缺乏专业技能、不懂得面试的技巧。通过对转岗人员的调查可知，转岗人员一般年龄偏大、工龄偏长、文化素质和技能水平偏低。②

二　非学历继续教育发展

继续教育缘起于改革开放初期，继续教育概念被引入中国大约是20世纪80年代初。早在2013年，全国教育事业发展统计公报显示，中国高等教育毛入学率达到34.5%。传统的成人高等学历教育规模不断缩

① 高小军：《我国高校网络教育学习质量研究》，博士学位论文，华东师范大学，2022年。

② 邵利群：《拓宽成人非学历教育渠道　服务地方产业转型升级》，《铜陵职业技术学院学报》2015年第3期。

小，非学历教育的比重逐步增大，高等教育管理体制日益由计划向市场转型。主要体现以下几个方面。从学员来源看，从以往的学员“找上门”到现在的高校“主动找”生源，培训学员的来源越来越具有市场化特点，政府培训已经不再专属于党校和行政学院。从学员和学校的关系看，从以往学校对学员的管理为主转化为按照培训协议提供教育服务为主。从招生渠道和手段以及培训费用来看，高校的非学历教育均采取市场化的招生推介手段和定价机制。为了顺应非学历教育由计划向市场的转型，高校要转变传统计划体制下办继续教育的观念，增强市场观念，把握市场机遇，制订市场策略，改革传统的办学体制机制。①

王健认为，目前高校传统的体制机制对非学历教育的制约体现在管理人员不足，缺乏市场运作机制，产品不能有效满足市场需求，缺乏创新和特色等方面。②

孙平认为，过去，社会大众对“教育”的认知，仅限于由国家教育部颁发证书的学历教育，对非学历教育则是普遍轻视，而今，在不断深化教育体制改革的形势下，各行业对技术人员有了更高层次的要求，非学历教育通过自身独有的“可持续发展模式”，赢得了社会的认可，各个层次的非学历教育实现了与学历教育比翼双飞，成了终生学习的主要途径。③

陈瑶琴认为，高校开展非学历教育具有重要意义。一是有助于实现学习型社会。中国将建立学习型社会作为建设小康社会的一个重要目标，学习型社会也可以说是实现社会共同发展的主要目标。为了实现学习型社会，高校除了要做好学历教育，还要重视非学历教育的发展，要

① 王健：《地方综合性大学非学历教育发展思考与探索——以苏州大学为例》，《中国成人教育》2015 年第 1 期。

② 王健：《地方综合性大学非学历教育发展思考与探索——以苏州大学为例》，《中国成人教育》2015 年第 1 期。

③ 孙平：《艺术类高职非学历教育教学管理模式实践探究——以苗族银饰工艺创新设计人才培养项目为例》，《湖北开放职业学院学报》2021 年第 6 期。

让所有的社会人员都养成终生学习的习惯，树立终生学习的目标。为此，高校要结合自己的办学特点，充分利用教学资源，调动教师队伍工作的积极性，并根据市场的发展需求，积极推行非学历教育，为社会培养出更多的技能应用型人才。二是有助于促进经济的可持续发展。随着市场经济竞争的日益激烈，企业之间的竞争正逐渐成为人才之间的竞争，人才已经成为现代化社会发展的基本动力。由于传统学历教育的重点是培养研究性人才，不一定符合市场经济发展过程中的应用型需求。为了解决这一矛盾，实现经济的可持续发展，需要开展非学历教育。三是有助于实现教育机会均等。在高校教育过程中，学历教育对受教人员的年龄有一定要求。走出校门以后，重新接受教育的机会就变得非常少。而非学历教育对受教人员的性别、年龄和职业没有特殊要求，弥补了学历教育对生源限制的不足，可以帮助受教人员继续接受教育。[①]

叶靓的研究主要依据三个数据来源。一是2013年浦东新区民非教育机构的年检统计数据，基本反映了浦东新区民非教育机构发展的总体情况。二是问卷调查。在由教育部门审批设立的126所民非教育机构中随机抽取其中的80所进行问卷调查，共发放问卷80份，回收有效问卷72份。问卷涉及浦东新区民非教育机构的基本信息及办学风险的应对等内容。三是现场访谈。随机选取了5家民非教育机构进行访谈，了解其面临的办学风险和对政府管理的建议诉求。他们认为中国职业教育集团建设正在遭受冲击。中国由高职院校牵头组建的职教集团已近1000个，由政府、高校牵头组建的职教集团上百个，由产业联盟牵头组建的职教集团非常少。在线教育发展已成为世界趋势，MOOC、微课、翻转课堂的出现，冲击着传统的高等教育。中国已经确定促进云计算创新发展措施，培育壮大新业态、新产业，并将在线教育列为重点打造的新业态、新产业之一。当前社会大众越来越认识到培训学习的重要性、紧迫性，

① 陈瑶琴：《高校开展非学历教育的现状分析及建议》，《人才资源开发》2015年第18期。

"跑学要学"成为一种时尚，培训变成一种"享受"。中组部组织的万人问卷调查结果显示，42%的干部认为培训针对性不够强，80%的人认为提高培训的针对性、实效性是干部教育培训改革的重点。①

叶靓还调查了部分国内一流高校非学历教育培训的实践现状，发现清华大学实行管办分离。2002年年初，继续教育学院改制为二级实体学院，专门从事非学历教育培训。2010年年初，继续教育学院整合调整业务架构，实行大部制与大区制相结合，区域化、特色化与公司化试点运作相结合的组织架构和运行机制。2013年3月发展方式从数量规模型向质量效益型转变，走内涵式发展道路。2014年年底，停止非学历教育培训合作办学。北京大学也实行管办分离。组织架构中专门设有市场开拓办公室，将全国划分为华北、华东、华南、西南、西北等中心，负责培训市场业务拓展，致力开展网络非学历培训。2014年年底，停止非学历教育培训合作办学。2015年3月根据业务发展和管理需要，成立企业培训中心和网络培训中心两个内设机构。四川大学实行管办合一。继续教育学院与四川大学全国干部教育培训基地各自独立运行，承担学校主体培训任务。有专属的培训大楼，继续教育学院年均培训学员5000余人。不断扩大西部地区培训的覆盖面，培训对象由领导干部向全体党员干部延伸，向基层一线延伸。中山大学实行管办分离。中山大学继续教育学院以学历教育为主，岭南学院、公共管理学院组织部各自归口管理和承担全校主要的培训任务。组织部近年年均培训党政干部2万余人。2014年末针对培训在全校范围内进行组织机构和办学资源的整合工作。另外，武汉大学充分发挥华中区位优势、优质学科资源优势、高等教育基地优势、专业团队服务培训优势、丰富的现场教学资源优势，通过举办各类型培训班，积极为国家培养社会服务型人才作贡献，在华中地区发挥了引领示范作用。这5所高校因地区不同、学科类型不同、社会需求

① 叶靓：《高校非学历教育培训的新常态》，《信息化建设》2016年第3期。

不同、政策支持力度不同，既能较好地服务于国家社会培训需求，同时也存在明显差异。①

党的十九大报告指出："办好继续教育，加快建设学习型社会，大力提高国民素质。"李本友认为，当前，无论从国家的政策层面，还是从普通高校自身的办学实践层面，办好继续教育已成为普通高校的普遍共识。从继续教育办学内部层次来看，许多普通高校的继续教育主要集中在成人学历教育，非学历教育虽有发展，但普遍不足。许多普通高校继续教育部门之所以把学历教育作为主要任务，是因为普通高校在成人学历教育方面仍有丰富的资源，这是社会机构无法比拟的，更重要的是普通高校有国家成人学历教育招生指标。由于这个优势，社会上很多办学单位或者机构都会主动前来与普通高校合作。普通高校用较少的资源就能撬动大量的社会资源，办成人学历教育事半功倍。非学历教育是面向社会开放的教育，不存在招生指标，普通高校办继续教育除了具有成人学历教育的资源，在其他方面，尤其是市场资源、管理资源和可用的人力资源等与社会教育机构相比就少得多了，在此种情况下，办非学历教育，通常是事倍功半。因此，许多普通高校以办好成人学历教育为主要目标，非学历教育是可有可无、锦上添花的事情。目前，普通高校非学历教育虽有较快发展，但从整体上看已成为普通高校中尴尬的存在。可是无论是从社会发展的需要、国家的政策导向，还是普通高校自身的办学逻辑来看，大力发展健康有序的非学历教育都是必需的。与传统的学历教育相比，在市场经济条件下，非学历教育需要学校、社会、政府、社会组织、个人等资源以及多方面资源有机整合。普通高校要办好非学历教育，对非学历教育资源如何开发需要给予高度的重视。②

王健认为，需要在分析学校非学历教育优劣势的基础上，借鉴兄弟

① 叶靓：《高校非学历教育培训的新常态》，《信息化建设》2016 年第 3 期。

② 李本友：《普通高校非学历教育发展：教育资源开发的视角》，《继续教育研究》2020 年第 2 期。

院校的成功做法，解决发展瓶颈问题。第一，打破身份界限，采用编外合同制。在校、院两级逐步面向社会引进专职市场开拓和管理人员，他们有教育培训经验，有敏锐的市场意识，善于对外开拓。新用人机制克服了传统事业编制人员面向市场办学过程中固有的诸多弊端。第二，实行绩效考核和按贡献取酬，将个人业绩与经济利益挂钩，有效提升员工的工作积极性和主动性。第三，将市场的还给市场，建立与市场体制相适应的富有活力的运营机制。从走出校门面向市场主动宣传推广自己，到一支专兼职教学团队的打造；从以市场与客户为导向的项目策划到以受训对象为主的评价体系的建构；从送教上门服务地方到政企校联合多样的教学形式。只有更好地与市场接轨，学校教育培训才能步入良性发展轨道。①

① 王健：《高校教育培训市场化转型探讨》，《时代教育》2015 年第 19 期；王健：《地方综合性大学非学历教育发展思考与探索——以苏州大学为例》，《中国成人教育》2015 年第 1 期。

第三章　高校非学历教育性质和特征

高校非学历教育有着自己独特的内涵属性。通过回顾相关研究文献，可以归纳总结出其固有性质和时代特征。

一　固有性质

高校非学历教育具有非国民计划性、公益性、事业性、应用性、素质性、补充性、发展性等固有属性。

（一）非国民计划性

除通过成人高考进入学校进行学习外，高校非学历教育的其他形式未纳入国家和地方招生计划，在培养方案、教学计划、课程设置等方面国家没有统一规定。自考、高校非学历教育、培训、老年学校等招生开放灵活，一般不受地区、年龄、招生人数的限制，能够基本满足社会各类人群多样化的学习需求。高校非学历教育是一项全民自愿参与的事业，通常是由各种社会力量共同组织与实施，是一种非强制行为，组织性和系统性都相对较弱。

（二）公益性

高校非学历教育是一项惠及社会全体成员的公益事业。首先，高校非学历教育在供给方面作为一种准公共产品，根据受教育层次和培训形式不同，具有一定限度的非排他性和非竞争性。非排他性是指某个体在接受高校非学历教育所带来的好处时，无法排除其他个体同时接受此类高校非学历教育服务。非竞争性是指社会公众无须依靠竞争来抢夺高校非学历教育资源，二者都是由高校非学历教育的普惠性、开放性决定的。其次，高校非学历教育资源具有共享性，它打破了阶层、学历、年龄、地区等界限，以满足全体社会成员多样化的学习需求为目标，旨在提供公平、高效、多元的教育服务。最后，普通高校、成人高校等机构均由政府主导，相关政策鼓励引导高校主动服务国家战略、经济社会发展和人的全面发展。因此，无论是普通高校、国家开放大学、老年大学还是社区学校，均不以盈利为最终目标。

（三）事业性

高校非学历教育办学部门属于校内机构，受国家财政支持，人员身份为体制内职工，占用高校公共设施，因而业务活动为事业性质。与高校合作，为高校提供非学历教育辅助服务的社会机构均是依法设立的非盈利组织，从事公益教育服务，不以生产经营为目标。高校非学历教育经费来源分为两种。一是国家或地方财政；二是经批准所获得的合理的服务收入，且后者的比重越来越大。

（四）应用性

相较于普通高校教育而言，高校非学历教育注重培养复合型、实用型、技能型人才。高校非学历教育主要采用非全日制的灵活办学形式，为在职人员提供了良好的深造机会。同时，培训项目设置紧贴市场、产业和职业，注重专业设置与产业需求、课程内容与职业标准、教学过程与实践实训相结合，注重实践环节、高新技术、职业技能、实习实训等教学内容建设，及时引入新理论、新知识、新技术和新方法。理论与实践相结合的教育教学方式，也加快了将知识转化为生产力的进程。

（五）素质性

素质教育是非学历教育的重要特性。青少年的课外培训一度以学科类课外辅导班为主，随着双减政策的开展，体育和美育等非学科类培训将会增多，学生接受相关素质教育的时间和机会也会增加。对于中青年而言，高校非学历教育通过提供就业、创业、转岗培训以及职业技能提升、职业素质提高、职业荣誉感增强等教育培训活动，提升社会劳动者的职业素养，从而帮助劳动者紧跟时代步伐，服务于经济社会发展。① 对于老年群体而言，学校遵循因需施教、寓教于乐的教学原则，开设的课程多为卫生保健、文学、历史、书法、国画、舞蹈、音乐、种植等。

（六）补充性

高校非学历教育是对义务教育以及全日制职业教育、高等教育的补充。义务教育期间，校外的青少年社会教育是对学校教育、家庭教育的有益补充，促使青少年个性化、社会化。统一标准的学校教育容易忽视学生的个性特征与发展，而社会教育是青少年及其家长从自身兴趣爱好出发所选择的个性化学习内容和学习方式，艺术类、体育类、科创类、游学类等项目不仅能够帮助青少年发展艺术才能和爱好，促进身体健康，而且有利于青少年个体自主性、独特性和创新性的培养，补充了学校教育普遍缺失的人际交往能力、逻辑思考能力、社会适应能力、自我认知能力、团队协作能力、创新能力等。成人阶段的高校非学历教育，一方面为未取得普通高等教育入学资格的学生创造了接受高等教育及就业的机会，这既是对个人学历和技能的补充与提升，又提高了在职人员的能力和业务水平，同时也提高了劳动者的素质。另一方面，素养型培训丰富了成年人的生活，提升了生活幸福感。同时，高校非学历教育通过开展基于互联网的信息化教学和线上线下混合教学等方式，将优质的教育资源输送到教育相对落后、资源相对匮乏的地区，是我国高等教育不均衡的有力补充。

---

① 贾旻、曹思文：《新时代继续教育体系建设：新业态、新问题与新路向》，《中国成人教育》2021 年第 8 期。

（七）发展性

高校非学历教育以服务经济社会发展为主题，经济社会的发展也必然会带动高校非学历教育的发展。20 世纪 80 年代，经济社会发展百废待兴，社会主义建设急需各类人才，国家制订一系列政策以加快推进成人高等教育，为经济社会发展快出人才、多出人才，并在这一时期开创性地建设了广播电视大学。20 世纪 90 年代，社会主义市场经济确立，改革开放的浪潮波澜起伏，一线人才需求量大，此时的政策在注重扩大高校非学历教育规模的同时，提出了高质量人才培养的新要求。21 世纪初期，信息技术的迅猛发展对教育领域产生了深远影响，使教育在体制、思想、手段、内容、方式方法等方面面临巨大的变革，中国的远程教育从函授和广播电视教育进入现代远程教育阶段，教学方式也转向运用计算机网络和多媒体数字技术。① 1998 年教育部实施《面向 21 世纪教育振兴行动计划》，并将“现代远程教育工程”设为专题。随着中国经济社会进入高质量发展阶段，学习型社会建设迈上新台阶，高校非学历教育不再只是“文化、技术补课”，而是延伸至人的全面发展、终生学习。受教育人群除了在职从业者外，还包括农民、军人等人群，对高校非学历教育的模式、质量、内容等提出了新的要求。

二 时代特征

除了以上固有特性，随着时代发展，中国高校非学历教育还具有一些新的时代特征。

（一）成人性

2021 年，国务院发布《关于进一步减轻义务教育阶段学生作业负担和校外培训负担的意见》，着眼于学生身心健康成长、减轻家长负担，

① 国务院发展研究中心市场经济研究所课题组：《新一轮技术革命与中国城市化 2020—2050：影响、前景与战略》，中国发展出版社 2022 年版。

坚决限制学科类校外培训班的开设。同时，中国已在2021年超额完成高职扩招三年行动目标，扩招重点布局在优质高职院校，主要面向普通高中毕业生、中职（含中专、技工学校、职业高中）毕业生、退役军人等群体，旨在倡导多样成才道路的价值观，防范教育内卷。青少年培训机构的减少和终身教育观念的普及，使得高校非学历教育的群体更偏向成人。

（二）非学历性

在科学技术日新月异的时代，知识更新换代的速度加快，终生学习的观念逐渐深入人心，高校非学历教育因其相较于学历教育更具广泛性、高效性、便捷性等优势而被重视与发展。《国家中长期教育改革和发展规划纲要（2010—2020年）》指出，要大力发展高校非学历教育，稳步发展学历教育。非学历教育的教育对象十分广泛，它包含一切不以取得学历为目的进行学习的从婴幼儿到老年的全体社会成员，参与者不限年龄、学历、职业，只要有学习的需求就可以参加学习。高校非学历教育通常学习周期短、学习效率高、注重实际问题的解决、课程设置有针对性、教学方式灵活多样，并能快速实现学以致用，为各类从业人员提供了较好的提升机会。高校非学历教育形式多样、内容丰富，具有极强的灵活应变机制，可以根据社会变革和岗位技能要求，按照学习者的需求制订、调整培养方案。同时，信息技术、移动互联网的飞速发展为学习场所的延伸提供了支持和可能，学生可以随时随地获取学习资源、参加学习活动。

（三）非全日制性

过去相当长的时间内，应经济社会发展的需要，高校非学历教育侧重于理论知识的传授，注重脱产学习培养，为我国经济建设培养了众多的人才，但随着我国高等教育的快速发展，高校非学历教育在管理模式、专业设置、校园文化等方面与普通高校全日制教育相近，从而缺少应有的办学优势和特色，造成招生规模缩小，社会认可度低，高校非学历教育办学模式面临转型挑战。2007 年，教育部发布《关于进一步加强部属高等学校成人高等教育和高校非学历教育管理的通知》，进一步明确高校非学历教育的发展定位，指出高校非学历教育主要面向在职人员，应大力开展党政人才、企业经营管理人才和专业技术人才的高校非学历教育。并要求各校从 2007 年开始停止招收成人脱产班和高等教育自学考试社会助学脱产班。2008 年全国普通高校都停止了成人脱产班招生，目前只有独立设置的成人高校可按照一定招生计划举办成人脱产班。高校非学历教育将不断向开放性、非全日制性发展，定位于对在职从业人员应用知识的传授，服务于社会实践。

（四）专题性

高校非学历教育的专题性体现在通过开设专题研修班、研讨班、讲座、会议等形式，专门就某一主题进行研究、研讨或者学习。专题性高校非学历教育能够帮助学员开阔视野、更新观念，博学多识者之间的互动有助于形成更加宽广高远的见解，学习效率高。例如，我国教育部会面向教师定期举办学校体育艺术教育工作专题研讨班、高校艾滋病防控专题研讨班、高等学校教育信息化专题研讨班、国家级职业教育教师教学创新团队专题研修班等。

（五）时效性

由于正规教育规模庞大、层级多、体系复杂，其教学内容调整和体制模式改革具有时滞性。随着经济社会的快速发展，知识、文化、技术更迭加速，正规教育很难跟上时代的变化，而机制灵活的高校非学历教育能够很好地弥补正规教育的不足。高校非学历教育能够充分运用现代信息技术，与时俱进，根据现代产业体系建设、行业企业发展需要和学习者的需求，将新理念、新技术、新知识和最新政策精神与要求及时高效地传达给学习者，具有很强的时效性、先进性。

（六）适应性

当前，高校非学历教育主流人群除了在职从业者外，还包括农村进城务工人员、新型职业农民、退役军人等，他们大多是为了适应时代和环境的需要而学习。例如，我国鼓励以新型农民为代表的广大农民积极参与农村发展带头人、农村技能服务型人才、农村生产经营型人才和新型职业农民的实用技术与专业技能培训；鼓励进城务工人员、待业人员、失业人员积极参加职业教育培训，帮助他们掌握城市和非农产业就业的基本知识和职业技能。

（七）市场性

高校非学历教育具有很强的市场性特征，市场性尤其体现在高校非学历教育方面。首先，高校非学历教育是满足教育市场需求的产物。高校非学历教育的学习者通常学习目的明确，他们可能是为了解决工作或生活中的某一问题、适应社会生活的变革、培养兴趣爱好或是提升自我修养而学习，高校非学历教育机构要依据学习者需求的变化、社会发展要求的变化来制订并及时调整教学内容、教学方式、教学目标等。其次，高校非学历教育具有市场竞争性。① 学习者能够自主选择办学机构，因此，办学机构需通过提供高质量的教育服务来提升竞争力，只有获得更多学习者的认可与信赖，才能占有更高的市场份额，赢得良好的社会办学声誉。

① 张学敏、柴然：《第六次科技革命影响下的教育变革》，《东北师大学报》（哲学社会科学版）2021 年第 2 期。

第四章　研究设计

本书如无特别说明,高校非学历继续教育概念等同于高校非学历教育，同时第二部分在进行高校非学历教育事业分析时，将教育事业简称为“教育”。本书作为高校非学历教育评价的前沿和开创性研究，遵循基本评价规律，严格按照评价步骤和程序，理论分析和验证性分析相结合，体现过程评价和分类评价思路。评价维度确定和指标体系设计是高校非学历教育评价的重要工作之一。评价内容由评价目标、原则及评价对象自身的特点决定，并体现在各个评价维度中。[①] 本书采用理论和实证相结合的方法，先确定评价内容，再从文献中借鉴评价维度及指标，经初步筛选、整理、精练、体系化，形成理论上的评价指标体系。然后通过调研和专家访谈，用事实资料验证理论上的评价指标体系，这相当于从实证角度，得出有现实意义、可行的指标体系。由此得出的指标体系可用于现实评价（即在本书具体评价部分得到应用），同时，在具体评价时，指标仍然需要通过进一步验证，评价意义不大的指标将被进一步修改或者撤换,[②] 这也意味着不具备现实意义或者可行的指标暂时不被用于具体评价，或者在具体评价中继续被淘汰或更新。

① 周勇:《复杂巨系统评价》,《评价通讯》2022 年第 1 期。

② 周勇:《正确处理科研评价八对关系》,《中国社会科学报》2021 年 8 月 17 日。

一　评价对象界定

评价对象的界定既基于学理，也源于实践。本书重视评价对象的概念界定及内涵把握，强调从历史脉络和现实关系中界定评价对象。评价内容的确定一方面基于已有认识，特别是理论探讨，另一方面基于治理目标和现实政策供给需要，主要依据国家规划、政府政策文件和高校相关机构管理章程。

二　评价依据

评价依据主要分为理论依据和政策依据。一方面评价是一种认识问题、探索问题的方式，受到一定理论的指导。要评价某对象，必先了解某对象；要评判某对象，必先对其本质有所认识。[①] 因为是对评价对象运动规律的认识，所以有关该对象的认识理论能够指导评价。实践中有些作者对某对象并没有很深的认识，在不了解的情况下进行评价，就会片面、肤浅，甚至犯错误。所以评价需要依据相关事物认识的专门理论。另一方面评价也涉及价值判断，反映一定的政策导向，或者可以说，评价一定程度上是为政策制订和实施服务，所以相关的政策文件也是重要的评价依据。从更广泛的依据来看，评价也是一种管理决策行为，对最终决策提出参考、结论性意见或者提供事实支撑、相关证据说明，所以要依据事实材料。本书在每个专题部分的评价依据一节，主要说明理论依据和政策依据，事实材料贯穿始终，所以不在特定章节单独说明。各专题评价部分均对各细分评价的依据进行了充分说明，以保证工作开展的必要性、重要性，从而具有研究意义。

三　评价内容

评价内容的确定仍然主要依据理论和政策。与评价对象相关的政策

---

① 周勇：《评价对象的“评价”》，《评价通讯》2022 年第 3 期。

文件一般会确定治理、管理和业务内容，这些内容就是评价内容，代表现实工作中，有关评价对象运行的政策规定内容。评价对象作为经济社会现象，关于其规律的探讨体现在一定学科或者某个专门性知识领域，评价往往围绕一个个问题点或者事实点，这些“点”就是评价内容。而且理论还为事物建立了概念、观念、系统认识框架，这个框架其实也就是评价内容，代表理论思维中，人们认识有关评价对象所需要关注的内容。评价内容是关于评价对象的认识体系，在评价时需要分层、分部门框定。本书对各细分评价所涉及的内容进行了分层分类整理。

四　评价维度

评价维度是为评价对象认识建立起系统框架，其与评价内容的区别是，它是后者的归纳、总结，而且是抽象为中性的标准。假如说评价内容是关于事实说明的一般规定，那么评价维度代表认识事物的途径。这个途径正不正确，或者说它仅是主观评定，是否与客观相符，还需要经过实证。因此评价维度的说明包括维度假设提出和维度实际经验验证。有可能理论上确定的维度在现实中并没有得到体现，或者说理论上认为正确而必要的维度，在现实中并不那么重要，也即评价的意义并不大。而且评价是一项实务性很强的工作，理论性强而现实意义不大的维度容易被人忽略。有些文献用评价指标体系表达评价维度，还有些文献用评价标准表达评价指标的应用标准。总之评价维度、评价标准、评价体系、评价指标体系间有紧密联系，但内涵和外延还没有被清晰界定，混用误用多。需要就维度提出具体、明确的操作性定义，本书所指评价维度是一个体系，包括一级指标、二级指标及更多次级指标。

（一）评价维度假设提出

认识来源于实践或者受已有理论启发，评价维度假设的提出也如此，其提出依据已有理论、相关实践，或者二者的结合。

维度假设提出的方法很多，不少作者采用因素法，即将所有因素进行整理，然后分解为相互独立、不互相包含的各因素，以这些因素作为维度。如一项关于民办非学历教育机构办学风险的评价将风险因素分为资金筹集能力不足、师资队伍稳定性不足、制度规范性不够、办学经验积累不足四类。还有的直接依据相关理论探讨，通过归纳相关评价者所关注的评价点总结评价维度。评价维度假设的内容既包括评价维度项，也包括刻画维度的相关变量，维度及其刻画维度的变量与评价的对象价值判断均有紧密相关关系。如对办学风险进行评价，师资是评价维度之一，刻画师资的变量有本机构专职教师数和本领域专业教师数，所包含的相关关系是，本机构专职教师数越多，办学风险越小；本领域专业教师数越多，办学风险越小。本书坚持理论与实践相结合，通过梳理大量已有文献，结合前期探索性研究，提出各部分的评价维度假设。

（二）评价维度假设验证

1. 事实材料来源

认识需要与时俱进，考察空间适应性，也就是说认识需要不断被验证于实践，对评价维度假设的验证也如此。验证的方式主要是实证。事实材料有几类来源。一是政府统计部门、社会统计机构发布的统计数据。二是问卷调查，既有大型综合调查，也有专题性调查。三是现场访谈，针对评价对象，进行专门的资料收集、情况调查、信息沟通。四是其他事实材料，包括新闻报道、社会案例、政府公布的文书，如司法裁判文书等。本书的事实材料主要来源于后两者。

2. 验证方法

最广泛而传统的验证方法是事实经验验证，依据上述事实材料，印证相关维度，即定性验证。随着现代科学的发展和研究手段的进步，当前更多采用数据模型法进行验证，即实证。不能说哪种方法更可取，具体采用哪种方法，所掌握的事实材料最终起决定作用。本书作为高校非学历教育领域的开拓性研究，在统计数据不完善的情况下，综合运用了两种验证方法。

五　具体评价

评价维度还要在具体的评价过程中进一步接受验证。很多情况下，研究者认为重要，并且已接受实证的维度假设并不被新的实证情境所接受。因为认识局限，时空变化，作为系统性的判断，现实和理论、事实材料和假设之间很难一一对应，所以包括维度及刻画维度的相关指标在内的假设需要根据事实验证的结果进行重构。本书在每个细分评价部分都会首先说明“评价维度及指标体系”，在具体评价中，尤其是通过访谈和其他事实验证后，一些评价维度或者指标可能并不具备现实意义，从而被略去。同时，具体评价也是一个评价假设进一步丰富，评价内容进一步深化的过程，从中会得到关于评价的更多具体内涵，对决策有直接的启示意义。

六　评价结论及政策启示

从具体评价中可验证许多假设，同时深化和丰富相关假设。但有些相关关系的最后验证只是事实的印证，最后的评价结论需要遵循系统归纳法，并依据评价目标而得出。也就是说具体评价过程遵循分析法，即由总到分，是还原论方法；而评价结论得出遵循归纳法，即由分到总，是系统论方法。同时评价结论和现有政策之间，并不是简单的一一对应或者线性关系，不能期待任何一个评价结论都具有政策价值。政策设计又是另外一个过程，需要依据评价结论，采取相关对策，特别是依据政策环境，对现有政策系统进行创新。本书不在评价结论和政策建议之间简单画等号，而是提出更多有意义的政策建议，对于不成熟或者简单而无可操作性的建议不提或少提。

第五章　一般统计分析

一　中国非学历教育描述统计分析

对高校非学历教育的分析需要置于各层次教育、学历和非学历教育、继续教育、终生学习整个教育大背景之中，在联系中进行，各种教育形式之间既有相互促进作用，也有彼此替代效应。

（一）统计口径及变量说明

我国现行非学历教育的统计口径见表 5－1。通过查阅教育部统计年鉴，整理得相关数据表。本书在运行统计软件时，对相关变量赋予变量名，变量名和变量之间的对应关系如下。各级各类非学历教育结业生数（万人）=*f*；高等教育结业生数（万人）=*fg*；研究生课程进修班结业生数（万人）=*fgy*；自考助学班结业生数（万人）=*fgz*；高等教育进修及培训结业生数（万人）=*fgp*；高等教育资格证书培训结业生数（万人）=*fgpz*；高等教育岗位证书培训结业生数（万人）=*fgpzs*；中等职业教育结业生数（万人）=*fz*；中等职业教育资格证书培训结业生数（万人）=*fzz*；中等职业教育岗位证书培训结业生数（万人）=*fgg*；中等职业学校结业生数（万人）=*fzj*；中等职业学校资格证书培训结业生数（万人）=*fzjz*；中等职业学校岗位证书培训结业生数（万人）=*fzjg*；职业技术培训机构结业生数（万人）=*fzp*；职业技术培训机构资格证书培训结业生数（万人）=*fzpz*；职业技术培训机构岗位证书培训结业生数（万人）=*fzpg*。

表 5－1 非学历继续教育统计口径

培训对象	培训类型	培训班次（个）	培训总人数（人）	培训总天数（天）
党政管理人员	岗位证书			
	资格证书			
	专业技能			
	知识普及			
	综合能力提升			
	其他			
专业技术人员	岗位证书			
	资格证书			
	专业技能			
	知识普及			
	综合能力提升			
	其他			
企事业管理人员	岗位证书			
	资格证书			
	专业技能			
	知识普及			
	综合能力提升			
	其他			
在职教师	岗位证书			
	资格证书			
	专业技能			
	知识普及			
	综合能力提升			
	其他			

续表

培训对象	培训类型	培训班次(个)	培训总人数(人)	培训总天数(天)
在校大学生	岗位证书			
	资格证书			
	专业技能			
	知识普及			
	综合能力提升			
	其他			

资料来源：教育部继续教育年度发展报告。

（二）一般表现

教育部2017年教育统计数据显示，高等教育非学历教育结业生数980万人，同年高等教育全日制学历教育毕业生数793万人。高校非学历教育结业人数已超过全日制研究生和普通本专科毕业人数的总和，是我国高等教育办学中规模最大的组成部分。在调研中，所有高校均开设非学历教育，一些高校办学年收入过亿元。

从图5－1可看出，我国非学历教育长期保持较高规模，是学历教育的重要补充。同时，非学历教育作为重要创收来源，有力补充了学校学历教育办学经费的不足，贡献了基础设施建设投入、科研经费、教职员工收入，同时为学校人才引进提供重要经费支撑。

从图5－2可看出，我国非学历教育中的中等非学历教育在近十年呈转弱趋势。从图5－3可看出，近年支撑我国非学历教育较高规模的增长性因素主要是高校非学历教育。同时值得指出的是，中等非学历教育规模尽管有下降趋势，但总体规模仍然较大，这与我国整体教育水平及劳动力总体素质紧密相关。当前，我国的高等教育毛入学率相比世界

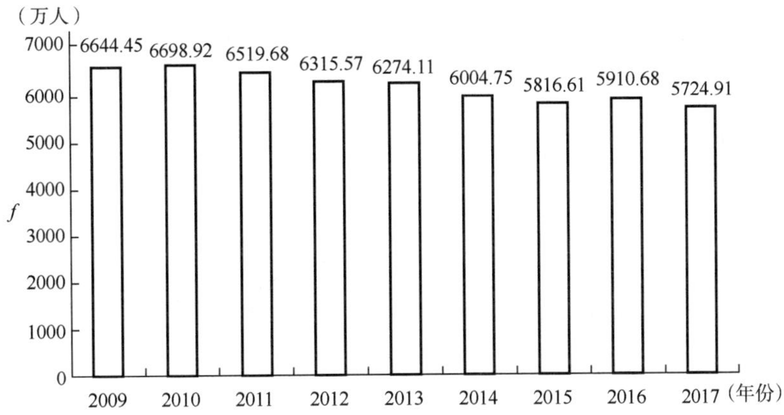

图 5－1　2009—2017 年中国各级各类非学历教育结业生数

先进水平仍然偏低，尤其是广大农村地区、欠发达地区、“老少边穷”地区，义务教育才刚刚普及，许多人无缘高等教育。同时，我国整体产业水平仍然不够高，中低层次产业占据产业发展主流，劳动力职业教育仍以中等层次为主。

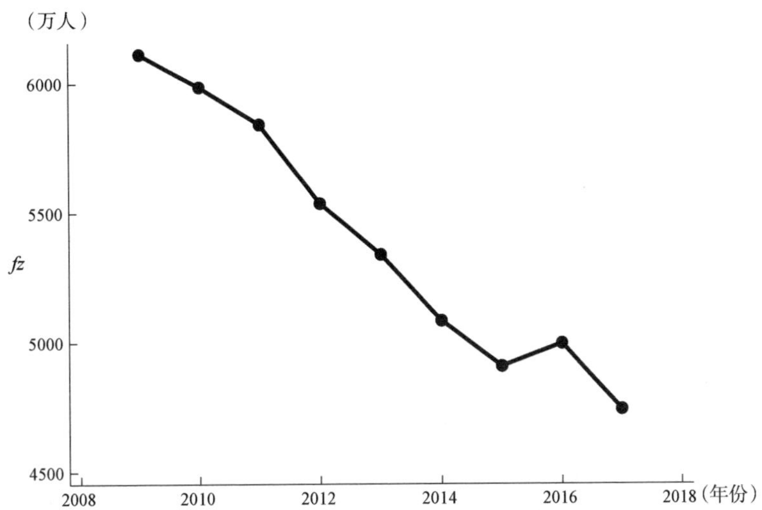

图 5－2　2008—2018 年中国中等非学历教育发展趋势

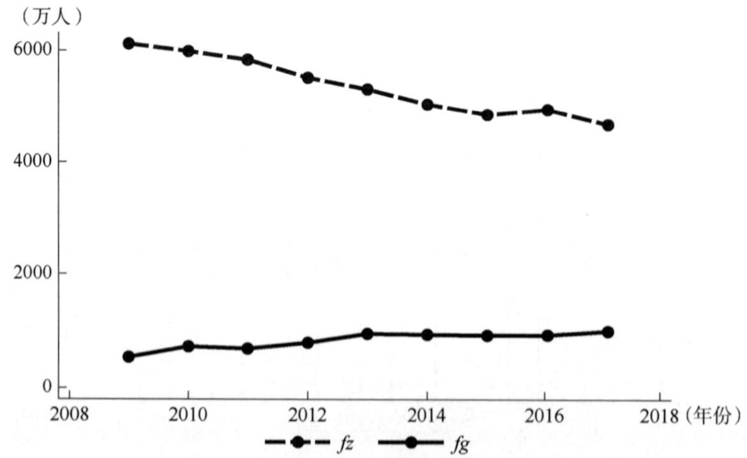

图 5-3　2008—2018 年中国高等和中等非学历教育发展趋势

将图 5-1 转变形式，可得图 5-4。从图 5-4 可以看出，非学历教育虽然长期保持较高规模，但总量却在徘徊，甚至数量有所下降。从宏观背景和理论分析来看，随着我国经济社会的发展，人们的生活水平不断提高，教育需求也应该不断增长。另外，随着收入水平的提高，教育消费可支付能力增强，非学历教育规模应该呈大幅度上升趋势，但实际总量却并没有增加，甚至有下降趋势，这值得我们深思。

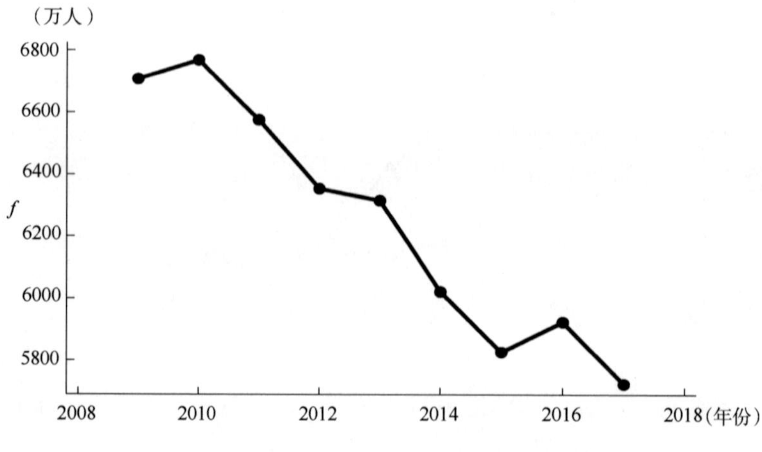

图 5-4　2008—2018 年中国各级各类非学历教育发展趋势

（三）进一步分析

1. 短期观察

从宏观上看，一方面有政策原因，随着20、21世纪之交我国中小学教育的发展和大学的扩招，人力资源市场围绕教育的竞争越来越激烈，非学历教育也相应得到发展。伴随着学历教育的扩张，非学历教育也大力扩张，因而产生了极大的发展基数。相比学历教育，非学历教育的学习门槛更低，同时社会办学和市场化程度更高，多年的粗犷式发展也带来了市场无序和教育质量下滑的问题，需要在一定时期“踩刹车”，治理整顿。因而非学历教育发展到一定程度后，需要控制规模，强化质量建设，从而延缓增长。另一方面有经济社会发展程度原因。我国整体上还是发展中国家，人均收入水平与发达国家还有相当差距，对作为选择性、拓展型的非学历教育的支付能力还十分有限。同时，买房难、看病难，社会保障不甚完善，子女教育成本高，赡养老人负担重，都对非学历教育形成挤出效应。我国产业发展虽然亟须攻克技术难题，但对高层次人才的需求在质非量。高技术产业发展不足，导致社会对高层次职业人才的需求十分有限，从而对发展型非学历教育需求也有限。

从微观上看，还有需求层次原因。高校非学历教育是一种高层次教育消费，整个社会更多关注中小学教育和大学学历教育。在中高等学历教育不断得到满足的情况下，社会人员对高校非学历教育的需求有限。

2. 长期展望

非学历教育中的中等层次非学历教育走弱是必然趋势，同时，高层次非学历教育在一定时期内提升十分有限，但从长期来看，却并非必然。对于这个问题可以从质量和内涵角度来理解。一方面随着大学学历教育规模扩大，教育层次提高，在高校学历教育之外追求高校非学历教育的人本应减少，但事实上正相反，人们的教育需求层次越来越高，较高的学历学习层次推进了更高层次的学历教育。另一方面随着中国现代化建设步伐不断加快，特别是技术创新能力和产业水平不断提高，高层次非学历教育前途无限。

还有，从我国巨大的人口规模及不断增长的留学规模来看，我国高校非学历教育潜力远没有发挥出来，大量需求要么没有得到满足，要么满足程度低，要么转而从外部，从国外寻求补充，因此大量的非学历教育国内需求被转化成了国外需求，高校非学历教育消费外流现象严重，见表5－2。

表5－2　中国历年研究生和留学生情况　单位：万人

年份	研究生招生数	研究生在学人数	研究生毕业生数	出国留学人员	学成回国留学人员
2021	117.6526	333.2373	77.2761	—	—
2020	110.6551	313.9598	72.8627	—	—
2019	91.6503	286.3712	63.9666	70.35	58.03
2018	85.7966	273.1257	60.4368	66.21	51.94
2017	80.6103	263.9561	57.8045	60.84	48.09
2016	66.7064	198.1051	56.3938	54.45	43.25
2015	64.5055	191.1406	55.1522	52.37	40.91
2014	62.1323	184.7689	53.5863	45.98	36.48
2013	61.1381	179.3953	51.3626	41.39	35.35
2012	58.9673	171.9818	48.6455	39.96	27.29
2011	56.0168	164.5845	42.9994	33.97	18.62
2010	53.8177	153.8416	38.36	28.47	13.48

续表

年份	研究生招生数	研究生在学人数	研究生毕业生数	出国留学人员	学成回国留学人员
2009	51.0953	140.4942	37.1273	22.93	10.83
2008	44.6422	128.3046	34.4825	17.98	6.93
2007	41.8612	119.5047	31.1839	14.4	4.4
2006	39.7925	110.4653	25.5902	13.4	4.2
2005	36.4831	97.861	18.9728	11.8515	3.4987
2004	32.6286	81.9896	15.0777	11.4682	2.4726
2003	26.8925	65.126	11.1091	11.7307	2.0152
2002	20.2611	50.098	8.0841	12.5179	1.7945

资料来源：国家统计局。

3. 更加广阔的时空把握

总的来说，学历教育和非学历教育之间既有协调效应，又有替代效应。从终生学习的角度来看，协调效应远大于替代效应。同时，还需要关注一类泛在的高校非学历教育，即新型、泛化、广义、非正规、非正式的高校非学历教育。它分为免费和付费两种方式。付费方式包括付费网站、付费直播课程、付费视频、购买学习资料等，老师现场授课和视频资料回放相结合，教学和自学相结合，接受高层次教育。免费方式包括免费网站、免费直播课程。互联网提供了大量的免费学习资料，这得益于互联网带来的教育方式、运营模式、企业盈利模式创新。大量网络教育公司或者实体通过教育供给方、商家付费、学习者免费的方式盈利，一方面提供海量优质学习资源给学习者，创造流量；另一方面通过广告获得收入。直播带货方式也为相关企业创造利润。泛化、广义、非正规、非正式的高校非学历教育比传统、狭义、正式的高校非学历教育规模更大、教育面更广、市场更广泛、更具灵活性、前景更广阔。

调查数据显示，中小学教育领域、职业教育与综合教育等细分领域已经成为促进中国以互联网为手段的教育机构规模性发展的主要推动力。随着互联网技术的进一步发展，互联网教育机构也渐渐扩大规模与增加资本累积，甚至2015年中国教育业的投资规模就已经达到2013年前所有投资总和的5倍以上。2016年这一市场又迎来新一季的爆发期，政府在互联网教育方面投入了更多的关注。以互联网为平台的教育已经成为教育市场不可缺少的重要部分。《2015年中国在线教育产业蓝皮书》中提及中国以互联网为平台的教育市场规模一年超过一年，且年增长率均在20%左右。2015年互联网教育企业平均营收是2700万元，对于处在起步期且经营存在问题的互联网教育行业来说，这是一个良好的经营开端。据调查，目前互联网教育行业盈利企业大都是以下四类企业。第一类是在线教学平台企业，如直播平台、部分网校平台等，这些企业的营收规模增长均接近100%。运营模式多采用“名校+名师+同步教学+在线辅导”；第二类是以经营网络或者硬件为生，在线教育离不开网络和硬件，因此保证课程传播的网络与硬件就成为一些企业最初的收入点；第三类是教育信息化类的公司，这类公司的业务对象多为高校等体制内单位，如高校大量开发慕课；第四类是市场上知名的B2C类企业，其产品种类多，授课形式多变，收益显著，例如“学而思”等。

传统的互联网教育企业收入来源可分为以下几个部分：一是内容收费。在线教育为用户提供的内容主要有文档资料、课程视频等。二是在线服务收费。在线教育平台为用户提供个性化服务，如一对一在线辅导、在线培训以及提供咨询等，通过这些服务向用户收取费用。三是平台佣金。一些传统教育机构出于开拓网络市场的目的，会选择一些在线教育平台入驻，因此就要付出一定的费用给这些平台，委托这些平台对他们提供的课程和资料进行数字化整合与运营，或者教育平台直接以一定的比例提取用户费等。四是广告费用，打开任意一个在线教育网站，总会跳出各种广告，这些广告也是在线教育企业的收入来源之一。在线教育网站向其他企业或产品提供一定的广告位，向投放在本网站的广告进行收费。[①]

二　趋势及结构分析

（一）培训趋势分析

1. 高等非学历教育各类办学形式变动趋势

高等非学历教育有多种办学形式，如研究生课程进修班、自考助学班、普通预科生、进修及培训等。

研究生课程进修班是在职人员进修、提高自身业务水平的一种非学历、非脱产的教学形式，不直接与授予硕士学位挂钩，也不允许颁发毕业证书。根据国务院学位委员会办公室学位办〔1997〕2 号文件规定：办班名称统一定为“研究生课程进修班”，课程成绩合格者，办班单位只能颁发“研究生课程进修班结业证书”，不得冠以“硕士学位”“毕业”等名称。课程未修满或成绩不合格者，发给单成绩证明。需要重点关注研究生课程班与学位的关系，它们之间谈不上对应关系，但也不能说完全没有关系；它们之间也不存在直接关系，但也不能说没有任何间接关系。换言之，研究生课程班对学位没有直接效应，但有间接效应。具体而言，研究生课程进修班和在职人员以研究生毕业同等学力申请硕士学位没有直接的联系，但是通过研究生课程进修学习，在职人员学习了专业知识，提高了学术水平，有利于本人以研究生毕业同等学力申请硕士学位。

自考助学班是指利用助学班进行自考的方式，包括全日制助学班、

① 柏豪：《中国人力资本内需与教育产业发展研究》，《山东社会科学》2019 年第 3 期。

业余制助学班和网络助学班。普通高校举办自考助学班，是普通高校采取多形式、多途径满足社会持续增长的高等教育需求办学的有效方式，用规范的管理、高质量的教育带动和引导社会助学活动。

普通预科生是指国家指定的普通高校或民族院校，从参加当年全国普通高考的符合特定要求的考生中，低于一定分数，按志愿择优录取。该考生在民族院校或普通院校学习一年后，经考试合格直接入高校的本科或专科学习，由高校组织预科毕业考试进行专业分配。普通高校或民族院校举办的少数民族预科班，是党和国家为提高少数民族文化水平、加速发展少数民族地区和边远地区社会主义现代化建设、更多地培养少数民族各类专门人才而采取的一项特殊措施，只招收少数民族考生，招生科类主要有文科和理科。少数民族预科班、民族班的录取由招生学校与本校本（专）科同批次录取。少数民族本、专科预科和民族班录取标准不得低于各有关高等学校在该省、自治区、直辖市本、专科和本科相应批次提档分数线以下 80 分、60 分和 40 分。①

进修及培训存在于各行各业之中，作用有很多，包括增加理论知识、完善知识体系、结交良师益友、广结各行业精英等。在商界，优胜劣汰是不变的竞争法则，这是每个企业发展都面临的问题，管理是有时代性的，各企业管理者要掌握最新的管理理念，制订适合自己企业发展的战略规划，才会促使企业更好地持续发展。对于企业管理者来说，研修班是进修的最佳选择，这种学习形式没有入学考试，节省了大量的备考时间，满足各大高校招生条件的人员可以直接参加相关课程的学习。开设这种课程班的学校几乎都是国内重点知名高校，教学质量较一般社会机构高，所学习的课程内容吻合人才市场的用人需求。

---

① 参见《教育部办公厅关于全国普通高等学校民族预科班、民族班招生、管理等有关问题的通知》，http：//www. moe. gov. cn/srcsite/A09/moe_ 751/200408/t20040817_ 958. html。因为相关统计数据缺乏，本书不对预科生进行分析。

从图 5 –5 可看出，研究生课程进修班和自考助学班在总体中所占比重低，且多年来规模相对稳定。这两类高等非学历教育受政策因素影响大，且一定程度上以学历教育为背景，与学历教育有着或明或暗，甚至是“擦边球”的关系，容易滋生市场不规范、求学者投机、办学单位违规操作等问题，所以一直是政策严厉监管的对象。一方面市场不成熟，行业自律不够，难以放开发展；另一方面监管水平有待提高，“一刀切”“一收就死一放就乱”导致相关社会投资难以涉及这两类办学领域。而与学历完全脱钩，广泛契合市场需求的进修及培训近年增长迅猛，从 2007 年 507.3449 万人增长到 2009 年的 968.2937 万人。进修及培训呈现稳定发展、逐步突升、阶段性提升特征。2009—2010 年为快速增长期，2010—2011 年为稳定期，2011—2013 年进入攀升期，而且后续多年这种增长趋势一直得以保持。总体来看，近十年来（除了新冠疫情影响的近三年），高校非学历教育一直处在市场增长空间，未来仍旧潜力巨大。

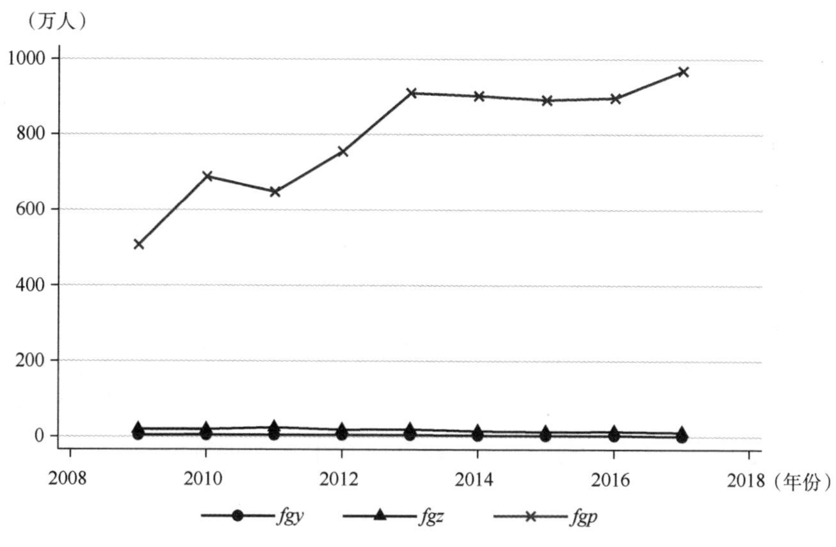

图 5 –5　2008—2018 年高等非学历教育各办学形式发展趋势

2. 中等非学历教育各类办学形式变动趋势

中等职业教育和高等非学历教育之间有一定的协调和替代效应。一方面，广大社会人员接受了中等职业教育后，随着知识和能力水平提高、职位晋升，对高等非学历教育产生需求。例如，一些职业经理人在成长初期需要进行初中级岗位培训，随着后续的发展，成长为高管后，会对高等职业教育产生需求，这就是协调效应。另一方面，随着学历教育水平提高、人才层次提高、社会对人力资源的需求层次提高，越来越多人的非学历教育需求由中低层次向高层次转型。例如，几十年前大学录取率低，甚至很多地区都没有普及九年义务教育，许多人主要通过中等职业教育提高自己的人力资源水平；随着大学学历教育的日益大众化，人们更多在继续教育中追求高层次非学历教育，这就是替代效应。鉴于中等职业教育和高等非学历教育之间的这种联系，有必要分析中等职业教育各办学形式的发展趋势。前文已经分析得出，非学历教育长期得以规模保持的主要原因在于高等非学历教育发展，这也意味着中等非学历教育一直处于下行趋势，尽管基数仍然很大。

中等职业教育分为中等职业学校和职业技术培训机构两种办学形式。中等职业学校是中等非学历教育的重要依托，是指经政府有关部门依法批准设立，实施全日制中等学历教育的各类职业学校，包括公办和民办的普通中专、成人中专、职业高中、技工院校和高等院校附属的中专部、中等职业学校等。学制一般为三年，学生毕业后可取得中等职业学校文凭。2020 年中国共有中等职业教育学校 9896 所，比上年减少 182 所。招生 644.66 万人，比上年增加 44.30 万人，增长 7.38%，占高中阶段教育招生总数的 42.38%。在校生 1663.37 万人，比上年增加 86.90 万人，增长 5.51%，占高中阶段教育在校生总数的 39.96%。毕业生 484.87 万人，比上年减少 8.60 万人，下降 1.74%。2020 年中等职业学校教职工 108.30 万人，比上年增加 0.98 万人，增长 0.91%。专任教师 85.74 万人，比上年增加 1.45 万人，增长 1.72%。生师比 19.54∶1；专任教师本科及以上学历比例92.92%，比上年提高0.31个百分点；“双师型”教师比例占30.87%，比上年提高0.29个百分点。①

职业技术培训机构是指为劳动者从事各种职业提供劳动技术业务知识服务的重要机构，是国民教育的一个重要组成部分。劳动者需要掌握一定的技术业务知识和具有运用知识的实际能力才能从事各种职业。职业培训机构，便是开发劳动者职业技能、提高劳动者素质、增强劳动者就业能力和工作能力的培训实体。职业培训机构的种类主要有社会组织和个人单独或联合举办的技工学校、职业（技术）学校、就业训练中心、职工培训中心（学校）等。此外，还有境外机构和个人、外商投资企业（机构）单独或同境内具有法人资格的社会组织联合举办的培训实体。职业培训机构主要任务是根据劳动力市场的需求，有针对性地承担各类职业培训任务，其面对的主要是初次求职人员、下岗职工和失业人员、在职人员、转岗转业人员、出国劳务人员、境外就业人员、个体劳动者、农村向非农产业转移的人员和农业劳动者、需要特殊培训的妇女、残疾人、其他需要提高和掌握职业技能的劳动者。

从图5－6可看出，支撑中等职业教育发展最重要的办学形式是职业技术培训机构的培训，多年来中等职业教育的发展和职业技术培训机构的发展紧密相连，两者曲线几乎平行。而中等职业学校办学长期以来保持了稳定，但也有低水平徘徊倾向。这与中等职业学校学习层次低、社会认可度低，以及越来越多未能进入国内大学学习的应届高中生选择出国留学等因素有关。但从中国产业发展的现实来看，中等职业教育仍有发展的必要性。中共中央办公厅、国务院办公厅印发的《关于推动现代职业教育高质量发展的意见》提出，大力提升中等职业教育办学质量，优化布局结构，实施中等职业学校办学条件达标工程，采取合并、合作、托管、集团办学等措施，建设一批优秀中等职业学校和优质专

① 《2020年全国教育事业发展统计公报》，http：//www.moe.gov.cn/jyb_ sjzl/sjzl_ fztjgb/202108/t20210827_ 555004.html。

业，注重为高等职业教育输送具有扎实技术技能基础和合格文化基础的生源，支持有条件的中等职业学校根据当地经济社会发展需要试办社区学院。

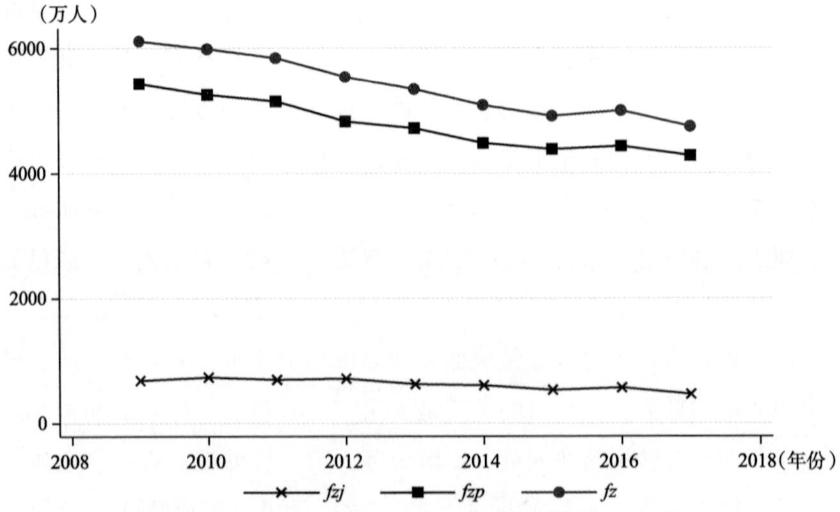

图 5－6　2008—2018 年中等职业教育各办学形式趋势

（二）培训结构分析

非学历教育按照证书不同可分为职业资格证书和岗位证书两种类型，中国在统计口径上对两者有严格的区分。职业资格证书和岗位证书有三个方面的不同。第一，两者的含义不同。职业资格证书是表明劳动者具有从事某一职业所必备的学识和技能的证明；岗位资格证书是指专业性或技能型特殊岗位所要求的各类上岗证书，如特种作业证书、上岗证书、培训证书等。第二，两者的作用不同。职业资格证书是劳动者求职、任职、开业的资格凭证，是用人单位招聘、录用劳动者的主要依据，也是境外就业、对外劳务合作人员办理技能水平公证的有效证件；职业资格证书与职业劳动活动密切相连，反映特定职业的实际工作标准和规范。岗位证书是申请相关工作岗位的必备材料，例如航空销售代理岗位资格证书是申请中国民用航空运输销售代理业务资格认可证书的必备材料。第三，两者的注意事项不同，职业资格证书的注意事项包括三个方面，一是各地区、各部门在开展培训、考核时，要严格按规定颁发证书。对参加各类专业培训的，培训合格后，应由培训机构颁发相应专业培训合格证书。对参加专项职业能力考核合格的，要按相关文件规定，由各地免费颁发专项职业能力证书。各地区、各部门不得以职业资格证书代替专业培训合格证书、专项职业能力证书。二是各地区、各部门在实施职业技能鉴定时，要严格审查考生资格条件，认真执行国家职业标准，加强考务管理，确保鉴定质量。对符合要求并经鉴定合格者，方可发放相应技能等级的职业资格证书。各地区、各部门不得擅自降低标准要求，随意发放职业资格证书。三是各地区、各部门要加强对证书核发管理工作的监督检查，确保证书管理工作规范有序。教育行政主管部门将适时对各地区、各部门职业资格证书核发、使用和管理等情况进行专项检查，对违反有关证书管理规定的，将严肃查处并予以通报。岗位证书也有诸多注意事项，以航空销售代理岗位资格证书为例，一是航协岗位资格证书可以个人培训，也可以公司员工培训。一个人可以培训多个岗位资格证书，但不能一个资质在有效期连续办理，只能在有效期内做复训。二是已经办理的航协岗位资格证书，仅个人和单位名称变更的代理企业才能办理公司名称变更。三是航协岗位资格证书有效期为三年，一般在中国民用航空运输销售代理业务资格认可证书到期前三个月进行复训。

1. 高等非学历教育培训结构

图 5 – 7 中，*fgpz* 为高等教育资格证书培训结业生数，*var8* 为高等教育岗位证书培训结业生数，可以看出，两者都实现了规模性增长，且在 2009—2013 年快速增长。同时，中国高等非学历教育培训证书形式在 2012 年和 2013 年之交发生了结构性变化，此前，资格证书培训比重高于岗位证书培训，但之后，岗位证书培训比重高于资格证书培训比重。

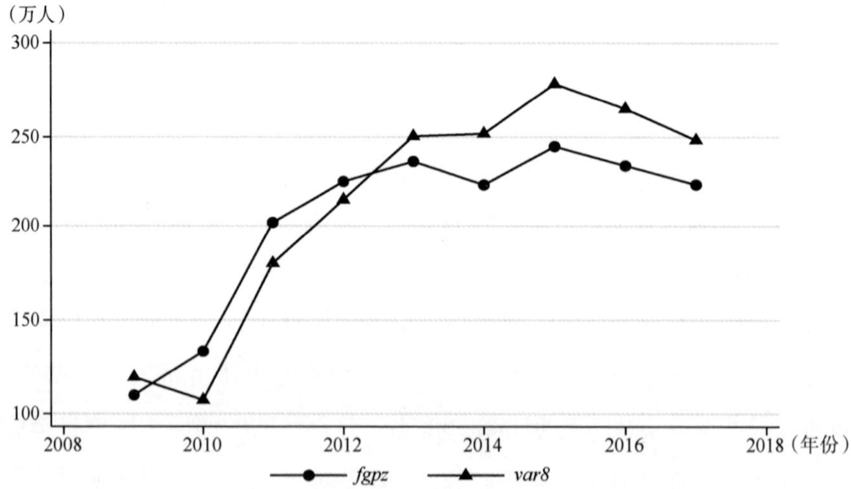

图 5－7　2008—2018 年中国高等非学历教育培训结构

2. 中等职业教育培训结构

图 5－8 中，*fzz* 为中等教育资格证书培训结业生数，*fgg* 为中等教育岗位证书培训结业生数，两者在 2012 年前都经历了快速成长期，岗位证书培训增速更高。两者发展的规模差距在 2010 年前较小，但 2010 年后，差距迅速拉开，且 2013—2017 年岗位证书培训的优势继续得以保持。

3. 中等职业学校培训结构

从图 5－9 可看出，中等职业学校无论是资格证书培训还是岗位证书培训都经历了 2012 年前的迅速成长期和之后的下滑期，两条曲线均呈倒“U”形。资格证书培训在 2010 年前与岗位证书培训相比优势较小，但 2010 年后发展迅速，在 2012 年一度远超岗位证书培训，同时也到达发展的顶峰，但自 2013 年开始，资格证书培训和岗位证书培训双双下滑，资格证书培训下滑更快，越来越接近岗位证书培训规模。与中等职业教育培训相比，中等职业学校培训结构正好反过来，前者岗位证书培训线远高于资格证书培训线，后者岗位证书培训线远低于资格证书

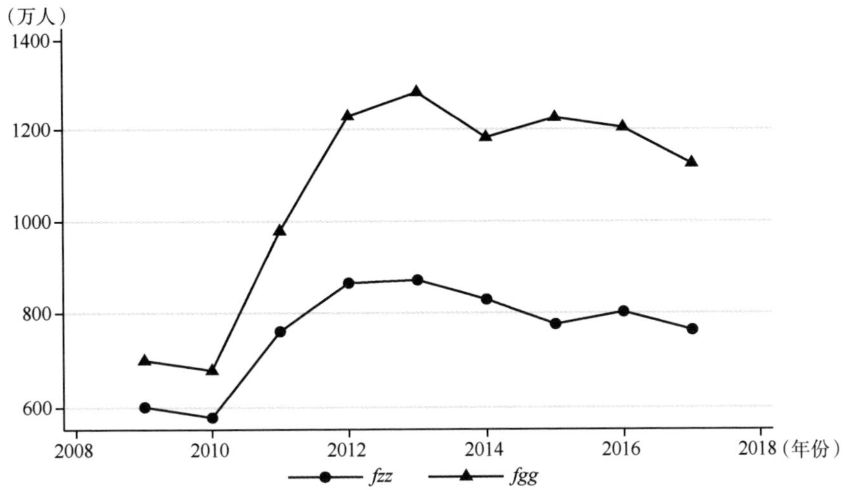

图 5－8　2008—2018 年中国中等职业教育培训结构

培训线。而且中等职业教育培训两类曲线在 2013 年后虽然整体较为平稳，但有微弱的下行趋势，这种微弱下行趋势主要由中等职业学校培训规模萎缩所致。

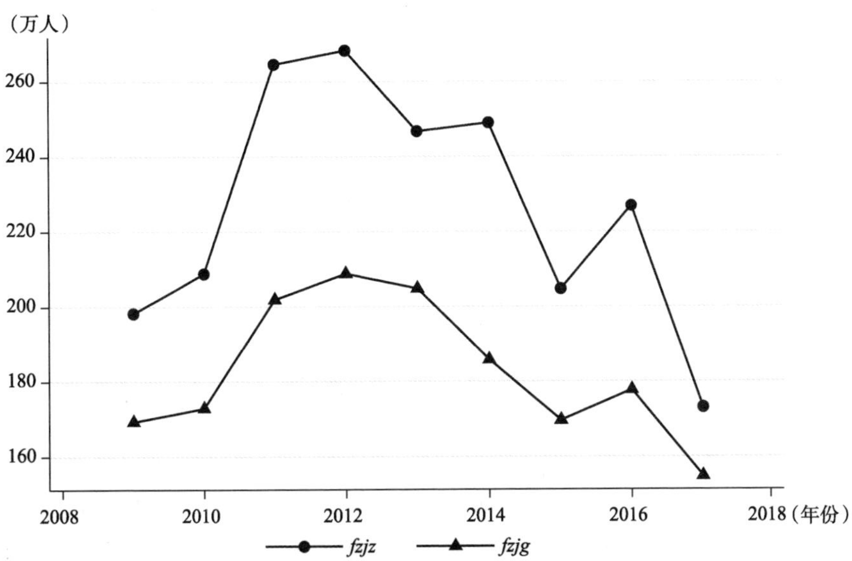

图 5－9　2008—2018 年中国中等职业学校培训结构

4. 职业技术培训结构

职业技术培训机构两类办学形式在2012年前经历了和整体中等职业教育相同的成长过程。2010年前，资格证书和岗位证书培训规模差距小，但之后，岗位证书培训和资格证书培训的差距迅速拉大，并在2013年达到峰值。2013年后两类曲线都趋于平缓，资格证书和岗位证书培训进入平稳期。职业技术培训结构与中等职业学校相比，资格证书和岗位证书培训比重结构正在相反，前者岗位证书线远高于资格证书线，说明各类职业技术培训机构更多进行岗位证书培训，在劳动力再培训、非学历继续教育中发挥着更广泛的作用。

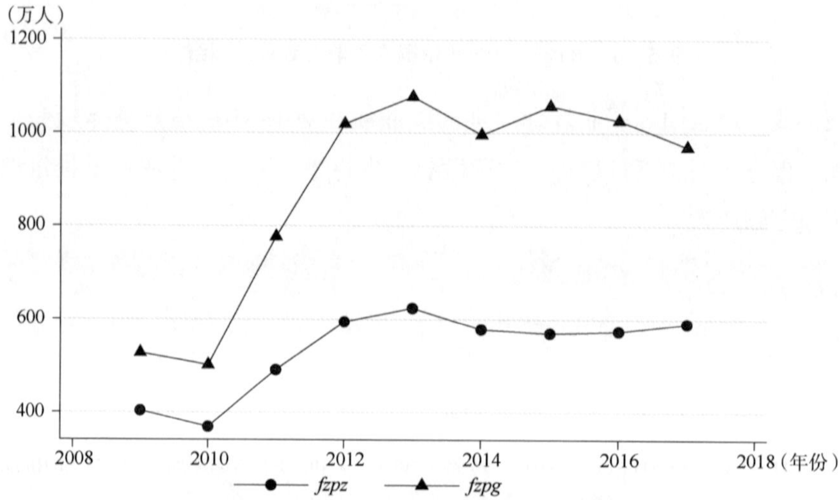

图5-10 2008—2018年中国职业技术培训结构

（三）教育收入和消费

根据《高等学校财务制度》和《高等学校会计制度》，高等学校收入包括几大部分：一是财政补助收入，即高等学校从财政部门取得的各类事业经费，具体包括教育经费拨款、科研经费拨款、其他经费拨款。教育经费拨款即高等学校从中央和地方财政取得的教育经费，包括教育事业费等。科研经费拨款即高等学校从有关主管部门取得的科学研究经费，包括科学事业费和科技三项费用等。其他经费拨款即高等学校取得的上述拨款以外的事业经费，包括公费医疗经费、住房改革经费等。上述财政补助收入，应当按照国家预算支出分类和不同的管理规定，进行管理和安排使用。二是上级补助收入，即高等学校从主管部门和上级单位取得的非财政补助收入。三是事业收入，即高等学校开展教学、科研及其辅助活动取得的收入，包括教学收入和科研收入。教学收入是指高等学校开展教学及其辅助活动所取得的收入，一般包括通过学历和非学历教育向单位或学生个人收取的学费、培养费、住宿费和其他教学收入。科研收入是指高等学校开展科研及其辅助活动所取得的收入，包括：通过承接科技项目、开展科研协作、转作科技成果、进行科技咨询所取得的收入和其他科研收入。上述事业收入中，按照国家规定应当上缴财政纳入预算的资金和应当缴入财政专户的预算外资金，应及时足额上缴，不计入事业收入；从财政专户核拨的预算外资金和部分经核准不上缴财政专户的预算外资金，计入事业收入。四是经营收入，即高等学校在教学、科研及其辅助活动之外，开展非独立核算经营活动取得的收入。五是附属单位上缴收入，即高等学校附属独立核算单位按照有关规定上缴的收入。六是其他收入，即上述规定范围以外的各项收入，包括投资收益、捐赠收入、利息收入等。

从图 5 – 11 中可以看出，教育事业收入即学校开展教学及其辅助活动所取得的收入，包括通过学历和非学历教育向单位或学生个人收取的学费、培养费、住宿费和其他教学收入。由于学历教育更多的是社会公共事业，学生学费在整体培养费中所占比重低。而非学历教育市场程度高，学员学习完全自费，且依据不同学习层次、群体和课程内容，择校费或者教育选择费用高，是许多高校重要的创收来源。以高级课程班为例，动辄十多万元甚至几十万元的学费让办学部门获利丰厚。学费、培养费、住宿费和其他教学费用既是高校进行非学历教育的收入，也是广大社会学员进行非学历教育消费的支出或者说投入。从图 5 – 12 可看出，中国各类教育事业收入均呈稳步增长态势，由 2002 年的 14609169 万元增长到 2019 年的 87235021 万元，年均增长 35%。因为数据缺乏，仅能从《中国教育统计年鉴》查到 2007—2011 年的高校非学历教育收入，但有限的年度数据仍然反映出高增长趋势，例如高校非学历教育收入由 2007 年的 17661572 万元增长到 2011 年的 24620019 万元。

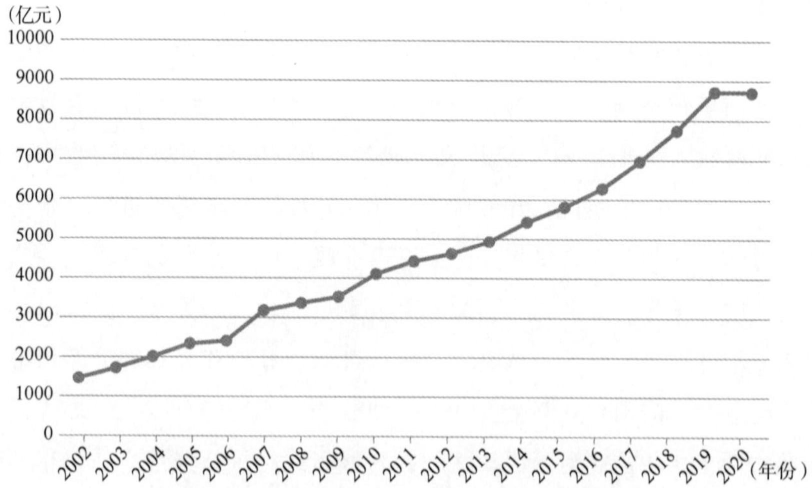

图 5－11　2002—2020 中国年高校教育事业收入

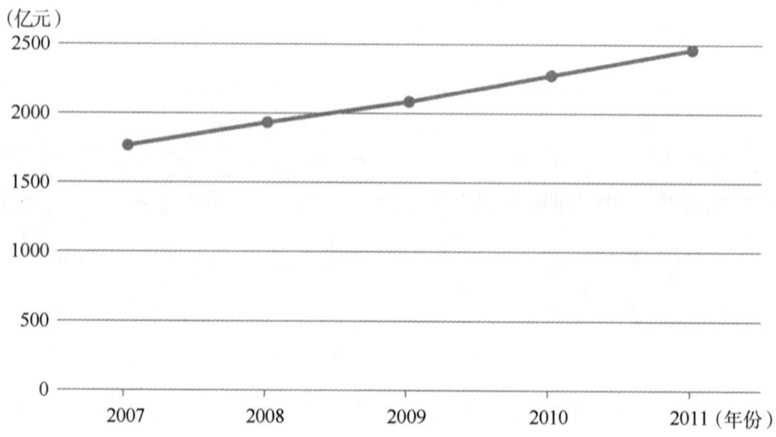

图 5－12　2007—2011 年中国高校非学历教育收入

第六章　评价对象界定

已有政策文件和学术文献对高校非学历教育事业的界定较为明晰。[①]多年来，我国主要从事业角度看待高校非学历教育，更多把高校非学历教育办成一项事业。[②]

按照《普通高等学校举办非学历教育管理规定（试行）》，本章将评价对象——高校非学历教育事业界定为高校在学历教育之外面向社会举办的，以提升受教育者专业素质、职业技能、文化水平或者满足个人兴趣等为目的的各类培训、进修、研修、辅导等教育活动。高校非学历教育服务于经济，注重公益性，追求社会目标。需要对与高校非学历教育事业相关的其他概念进行辨析，其中的重点在于厘清继续教育与终身教育、职业教育、成人教育、非学历教育、培训等概念之间的联系和区别，包括内涵上的联系、外延的重合。这几个概念相互都不等同。

一　继续教育与终身教育

终身教育是指包括所有年龄阶段的任何形式的教育活动。纵向的从婴幼儿时期的胎教、学前教育，到义务教育以及义务教育之后的普通全日制高等教育等，均不包含在继续教育之列；横向的家庭教育等也不包

① 注：参见第一章。

② 本书第六至第十章，如无特别说明，“非学历教育事业”一词简化为“非学历教育”。

含其中。相较于继续教育，终身教育扩大了教育范围，扩展了教育的时间和空间。

二　继续教育与职业教育

职业教育区分全日制职业教育和非全日制职业教育，国家计划内职业教育和计划外社会职业教育，其中全日制计划内职业教育不在继续教育之列。同时，继续教育区分职业教育和非职业教育。例如，琴棋书画等素养型培训也属于继续教育，但非职业教育。

三　继续教育与成人教育

继续教育包含成人教育。我国规定十八周岁以上的自然人为成年人，同时规定十六周岁以上、以自己的劳动收入为主要生活来源的未成年人，视为完全民事行为能力人。我国实行九年义务教育，一般年满十六周岁可初中毕业，初中毕业后受到的非全日制国家计划内教育可看作成人教育。但在初中毕业前义务教育范围之外，学生在校外上的各类辅导班可视作继续教育。成人教育作为我国的一种正式教育形式，修满学分、成绩合格后可颁发学历证书。国家正式教育之外的成年人教育培训，如琴棋书画等素养型培训和没有学历的课程培训等，较少被视为成人教育，却是继续教育的重要组成部分。

四　继续教育与非学历教育

非学历教育是继续教育的重要组成部分，是以提升受教育者专业素质、职业技能、文化水平或者满足个人兴趣等为目的的各类培训、进修、研修、辅导等教育活动，学员完成学业、考核合格，由学校或培训单位颁发相应培训结业证明的一类教育形式。非学历教育不得颁发与学历教育相混淆的证书和文凭。继续教育不仅包括非学历教育，还包括学历教育。

五　继续教育与培训

培训是广义继续教育的重要组成部分。学校教育强调学科教学和人才培养的系统性、连贯性，而培训的内容更加细化专一，形式也较为机动灵活，更注重个性化培养和技能的提升。在经济社会迅速发展、知识更新快、环境复杂的时代，培训占据越来越多的继续教育市场份额。个人在一生的不同阶段都需要不断更新自己的知识，提升相关技能，培训也由此成为继续教育消费的重要形式。

第七章　中国高校非学历继续教育事业评价框架

一　评价依据

中国高校非学历继续教育事业评价依据主要体现于理论和政策两方面。

（一）理论依据

理论指导实践，评价实务性强，需要遵从一定的理论指导。

1. 管理理论

评价是一项管理行为，与继续教育相关的管理理论先后经历了科学管理理论、行为科学理论、知识管理理论三个阶段，而这些理论所关注的因素也逐渐从生理到心理，从学习到创新，从阶段性到持续性。[①] 相关的研究者包括被分别称为“科学管理之父”与“动作研究之父”的泰勒和吉尔布雷斯、霍桑实验的发起者梅奥等人、权变模型的提出者费德勒、情境理论的提出者赫塞和布兰查德、学习型理论的提出者彼得·圣吉等。

---

① 袁彦、舒跃育、周爱保：《何谓“心理”之“科学”：追问心理学的本体论预设》，《西南民族大学学报》（人文社会科学版）2021 年第 5 期。

2. 人力资本理论

17 世纪 60 年代，威廉·配第在《税赋论》中首次将劳动技能作为生产资料的重要性提了出来。而亚当·斯密在 1776 年出版的《国民财富性质和原因的研究》中则表示，学习技能所花费的成本是可以回收的，并且还会创造利润。英国古典经济学家约翰·穆勒在其《政治经济学原理》中强调，通过学习所得到的技能应该被视为国民财富的一部分，而包括培训、继续教育在内的教育对于提升技能有着不可估量的作用。19 世纪末 20 世纪初，英国剑桥学派创始人阿尔弗雷德·马歇尔再次提升了人力资本的经济意义，认为人力资本是最有价值的资本，教育的产出远远大于教育的投入，主张把教育作为国家投资。进入 20 世纪 50 年代之后，经济的发展、生产方式的变革以及知识经济时代的到来，使得人力资本得到了越来越多的关注，高素质人才成为企业以及社会发展的原动力，这就推动了人们对于人力资本的投入，① 这种投入以包括继续教育在内的教育为重要特征。

3. 能力贫穷理论

阿马蒂亚·森在 1977 年首次提出了权利失败的概念，认为“饥饿是交换权利的函数，而不是食品供给的函数”。换言之，饥荒的原因不单单是粮食的短缺，更是一种权利的失败。当一个人的权利使他获得类似于慈善的非权利转移的时候，这个人就正在遭遇食物权利的失败。随后，他又提出了衡量平等与不平等的新的视角即“能力平等观”，包括“政治平等”“经济平等”与“社会平等”等，主张通过教育培训促进能力平等。②

4. 成人教育学理论

美国著名成人教育家马尔科姆·诺尔斯终其一生对成人教育领域进

① 陆晶、王莉、王慧：《全球化进程中外籍流动人口社会融入管理新思考——以北京地区为例》，《政法学刊》2018 年第 2 期。

② 程天君：《教育社会学：中断与损失（1949—1979）——基于“历史的天空”之比较》，《华东师范大学学报》（教育科学版）2020 年第 12 期。

行积极探索，指出成人教育应该有自己独特的特点，不可一味模仿普通学校教育，其创建的“成人教育学”（Andragogy）成为成人教育领域的重要理论，主张成人学习应该更注重实践效果而非追求学历成就。[①] 马尔科姆·诺尔斯的成人教育学，为当前成人非学历继续教育提供了重要的理论基础。

5. 模块化理论

科学的课程体系必须从受教育者个体需要、发展空间、学科发展趋势三个方面来考虑，利用模块化课程体系建设的思路实现教学目标。这样的课程体系建设重点不在内容，而是机制建设。要针对不同的实际困难，根据具体需求，动态设置课程，用不同的教学模式完成培训计划。模块化课程体系主要有以下三个特点。第一，模块化课程是教学的最小单元，可以根据教学任务，针对教学目标和计划，快速地组合教学的课程体系，这在培训对象差异较大和培训内容多元化的非学历教育中的作用尤为突出。在执行教学计划之前，要充分考虑每个模块的设计思路，考虑到每个模块的知识点。这就要求每一个模块的知识体系都具有内敛性、知识相对独立性和完整性，这样做便于在不同的教学计划中利用不同的模块快速组合新的教学课程。第二，模块化课程体系可以依据教学目标、培训对象等因素对教学内容（课程）进行机动灵活的删减、更新，有利于构建个性化的非学历教育课程体系。第三，模块化课程体系可以将基础理论和应用实践高效有机地结合，在较短时间内完成培训教学的组织实施，达到培训的教学目标。模块化课程体系的这些特点，契合非学历教育的特点和要求，因而在非学历教育课程建设中，应根据实际需求，建立模块化的课程，并在教育教学实践中进行动态调整。通过模块化动态重构非学历教育课程体系，不仅解决了高校非学历教育学习对象多元化、市场变化快速、教学形式多样等带来的问题，还满足了教

① 李同同：《叙事学习理论：构建成人学习型组织的新视角》，《成人教育》2019 年第 8 期。

学内容的时效性、针对性、应用性、职业性等需求。同时，在建设新时代学习型社会过程中充分发挥了原有教育体系的优势，更好地承担了非学历教育的历史使命，落实党和国家“完善终身教育体系、建设学习型社会”的要求。①

（二）政策依据

相关政策文件是高校非学历教育评价的重要依据。《国家中长期教育改革和发展规划纲要（2010—2020年）》提出，要加快发展继续教育，建立健全继续教育体制机制，构建灵活开放的终身教育体系。2014年国务院颁布的《关于加快发展现代职业教育的决定》提出，“要积极发展多种形式的继续教育，建立有利于全体劳动者接受的职业教育和培训的灵活学习制度，服务全民学习、终生学习，推进学习型社会建设”。党的十八大报告明确指出，要深化教育领域综合改革，着力提高教育质量，培养学生创新精神。加快发展现代职业教育，推动高等教育内涵式发展，积极发展继续教育，完善终身教育体系。

职业教育是继续教育的重要组成部分，2019年国务院出台的《国家职业教育改革实施方案》提出，职业教育改革要以促进就业和适应产业发展需求为导向，完善政府主导的职业教育体系和社会力量参与的职业培训体系，鼓励社会力量积极参与、支持职业教育，进一步优化学校布局和专业布局，不断深化职业教育办学体制和技能人才培养机制的改革。根据《中华人民共和国劳动法》、劳动和社会保障部相关规章制度，从事技术、操作工种的劳动者就业上岗前应当接受必要的岗前培训。

2021年中共中央办公厅、国务院办公厅印发的《关于推动现代职业教育高质量发展的意见》提出，要巩固职业教育类型定位，推进不同层次职业教育纵向贯通，促进不同类型教育横向融通，优化职业教育供给结构，健全多元办学格局，协同推进产教深度融合。

① 李莹：《高校非学历教育课程建设探索》，《成人教育》2021年第10期。

高校非学历继续教育事业既需要大力发展，也有待进一步规范。1990 年，当时的国家教委发布了《普通高等学校举办非学历教育管理暂行规定》。2021 年，教育部办公厅印发《普通高等学校举办非学历教育管理规定（试行）》（以下简称《管理规定》），进一步规范了我国高校继续教育办学。

二　评价内容

综合相关理论，依据政策文件，可确定中国高校非学历继续教育事业评价内容。

（一）国家调控层

评价主要引用国家层面的资料，主要从政策有效性进行评价。《管理规定》明确指出，国务院教育行政部门负责非学历教育的宏观指导和统筹管理，建立健全非学历教育评价标准，完善监管体系；会同有关行业主管部门建立协同机制，加强对非学历教育的业务指导。对高校非学历教育事业国家调控的评价主要涉及两个方面：一为宏观指导，主要体现在系列规划和意见文件中，为相关机构、业务划定政策标准；二为统筹管理，主要体现在管理机制和行为上，涉及跨部门协调和业务指导。

（二）省级监管层

评价主要引用省区层面的资料，主要从监管有效性进行评价。《管理规定》明确指出，省级教育行政部门负责本地区非学历教育的指导、监督和管理，引导高校根据自身实际和特点，科学合理地确定非学历教育办学规模。对高校非学历教育事业高校管理的评价主要涉及四个方面，即具体指导、监督、管理、服务。

（三）高校管理层

评价主要引用高校管理层面的资料，主要从管理有效性进行评价。高校对非学历教育的管理分为两个层次：一是学校全盘管理层次；二是业务主管层次（也称归口管理部门），高校非学历教育管理责任的重中之重还在于高校自身。《管理规定》明确指出，高校负责本校非学历教育的发展规划、制度建设、规范办学和质量保证。高校党委应履行好管党治党、办学治校主体责任，强化基层党组织对涉及非学历教育工作的政治把关作用。高校应按照“管办分离”原则，明确归口管理部门，对非学历教育实施归口管理。归口管理部门不得设立在实际举办非学历教育的院系或部门（以下统称办学部门）。归口管理部门负责全校非学历教育的统筹协调和规范管理，拟订非学历教育发展规划和管理制度，建立风险防控机制；对各办学部门举办的非学历教育进行立项审批；对非学历教育的招生简介、广告宣传等进行审核；对非学历教育合同事务进行管理；对非学历教育办学进行过程指导、质量监督和绩效管理；审核发放非学历教育证书等。对高校非学历教育事业高校管理的评价主要涉及两个方面：一为统筹协调，主要是发展规划和制度建设；二为规范管理，主要是规范办学和保证质量。

（四）高校业务层

评价主要引用高校办学、业务实施层面的资料，如项目评价、教学评价等，主要从办学有效性进行评价。《管理规定》明确指出，根据学校非学历教育发展规划，办学部门可结合自身优势，按照学校相关程序开展非学历教育。校内非实体性质的单位、职能管理部门、群团组织及教职员工个人不得以高校名义举办非学历教育；高校独资、挂靠、参股、合作举办的独立法人单位，不得以高校名义举办非学历教育；法人名称中带有高校全称或简称的，如举办非学历教育应纳入高校统一管理。对高校非学历教育事业办学的评价主要涉及三个方面：一为基础条件，主要是资源、师资、政策支持等；二为办学项目，包括项目的设计、实施、管理、绩效；三为教学培养，包括教学的水平、内容、方法、效果等。

三 评价维度及指标体系

对高校非学历教育事业的评价暗含于相关学术研究和政策文件的表述中，课题组搜集近年文献，对这些评价逐条进行主题词编码，以获取学界和政策界所关注的评价维度和指标。初步得出400多个编码，然后再对这些编码进行归纳整理，共得出20个维度，包括监管和服务、体制机制、发展程度、发展环境、战略、文化、办学主体、人力资源、财务、设施、学习资源、信息化、教研、创新、项目、教学培养、质量控制、开放融合、效应、风险。指标栏中有许多重复或者意思类似的评价项，但它们来自不同的评价者或者文献。重复或者同类评价项越多，表明该评价项受到的关注越多，重要性越高。得出的初步维度和指标体系见表7-1。

表7-1 初步维度和指标体系

编号	维度	指标
1	监管和服务	地方服务、政策、地方服务、高校归口管理、管理、地方政府监管、归口管理、归口管理、省级监管、归口管理、归口管理、归口管理、归口管理机构、管理模式、管理工作定位、监管、监管、归口管理、政府监管
2	体制机制	规制、调控、调控、调控、市场化、市场激励、市场化、激励、运行机制、激励机制、调控、市场化、调控、调控、管理体制、激励、政策协调性、体制、运行机制
3	发展程度	发展充分性、规范性、稳定性、规模、类型、规范管理、发展转型、发展、发展、发展、发展多样性、发展模式、现状、转型
4	发展环境	地位、受支持度、社会环境、潜力、重视度、机遇、重视度、生源、政府需求、供给内涵、背景
5	战略	定位、定位、定位、定位、发展导向、导向、公益性、办学思想、定位、立足地方、整体规划
6	文化	文化建设、理念、理念、态度、主动性、理念、理念、理念
7	办学主体	办学单位、社会机构、公办机构

续表

编号	维度	指标
8	人力资源	师资、业务人员、管理人员、人员适应性、人员保障性、人员激励性、师资、管理队伍、师资、师资、师资、人才队伍、人力资源、师资、师资、师资、师资、师资、外聘教师、管理者激励、薪酬和职称、师资、工作异质性、项目人员、人员协调
9	财务	资金、投入、经费、条件、投入
10	设施	设施、设施、保障、保障
11	学习资源	学习资源
12	信息化	信息化、线上线下协调、信息化、信息化、信息化、信息化、网络教学、信息化、数字化平台
13	教研	教研
14	创新	创新、现代化
15	项目	项目布局、项目开发、办学渠道拓展、内培、外引、项目师资、项目、项目、项目、培训方案、网络化、项目、招生、管理模式、师生交流
16	教学培养	差异化、模式、课程内容、(业务)灵活性、针对性、延展性、针对性、内容多元化、教育资源多样性、授课模式灵活多变性、课程体系、模块化、教育资源、教育模式、日常教学、教学内容、专业化、个性化、模式、社会适应性、合理性、特色性、合格性、模块化、个性化、课程、办学特色、办学方式、教学、学科基础、模式
17	质量控制	质量、质量、考核、质量、质量反馈、网络教学效果、网络学习效果、评估体系、质量、考核、系统性、标准、统一性、质量、质量
18	开放融合	内外协作、产学研协调、资源整合、融合化、政产学研用协调、开放协作、互补、内部协作、对外合作、资源整合、不同所有制优势发挥、师资和课程融合、内部协调、内部协调、平台、平台、开放性、国际化、异地办学、远程培养、产学合作、政校合作、校企协作、企业参与度、企业、院校和政府协同、协调、社会资源整合、校企合作、政府和行业机构合作、学历与非学历衔接、平台、资源整合、合作
19	效应	社会效应、人才培养、拔尖人才培养、社会认可度、全覆盖、服务对象、扶助欠发达地区、创新反哺、科研支撑、科研、实效性、意义、认可度、供求协调性、地方服务、价值
20	风险	风险

由表7－1可知，在监管和服务维度中，出现最多的编码词是“归口管理”，这说明高校归口管理评价在监管和服务中很重要，其次是地方政府监管和服务，再次是国家宏观管理。按照理论分析框架，监管和服务分为国家宏观、地方政府和行业中观、高校微观四个方面，但相关评价文献中较少提及理论框架中所涉及的行业监管和服务，本书在进一步的维度指标整理中添加了该评价项。

在体制机制维度中，“调控”是最高频的词，这说明现阶段我国高等非学历教育调控的重要性，其次是“激励”“市场化”，再次是“管理体制”“运行机制”“政策协调性”。

在发展程度维度中各编码词频次没有拉开距离，可进一步整理为“规范性”“发展充分性”“稳定性”“规模”“类型”“发展多样性”“发展模式”“转型”。

在发展环境维度中，“受支持度”和“重视度”“地位”是同类词，可见来自政府和高校的认可和支持对于非学历教育发展很重要；其次是来自社会的认可，其他重要的词还包括“潜力”“机遇”“生源”“政府需求”“供给内涵”“背景”。

在战略维度中，“定位”是频率最高的词，说明定位对高校非学历教育很重要，需要重点评价。其次是“导向”，导向关系高校非学历教育能否成功举办。“公益性”和“整体规划”也是战略评价的重要内容。

在文化维度中，“理念”是频率最高的词，说明理念是最重要的高校非学历教育文化之一。依据内在逻辑，可将文化指标进一步整理为“理念”“态度”“主动性”“文化建设”。

办学主体也是一个重要维度，涉及“公办机构”和“社会机构”，可由三个评价项进一步简化为“公办机构”和“社会机构”两个评价项。

在人力资源维度中，“师资”是频率最高的词，说明师资在高校非学历教育中的重要性。其次是管理者、项目业务人员。还包括适应性、保障性、激励性评价。

按照频次，并合并重复或者同类项，可得出经过重要性排名的指标项。

财务维度主要涉及投入，设施维度主要涉及后勤保障。

非学历教育不是常规性学历教育，没有一定的学制，主要通过培训形式开展，以项目为载体，所以项目评价在非学历教育中很重要，具体包括“项目布局”“项目开发”“办学渠道拓展”“内培”“外引”“项目师资”“培训方案”“网络化”“招生”“管理模式”“师生交流”等评价指标。

在教学培养维度中，“模式”是相对高频词，这说明形成一定的成熟模式对高校非学历教育十分重要。还有“模块化”，模块化是高校非学历教育的重要特点。“课程”也是相对高频词，课程设计是高校非学历教育的重要竞争点。其次是关于高校非学历教育教学培养特有规律的评价。总之，教学培养涉及的评价点多，可进一步归纳整理为“模式”“模块化”“课程”“灵活性”“针对性”“延展性”“多元化”“专业化”“个性化”“社会适应性”“合理性”“学科基础”等。

非学历教育质量一直广受社会关注，也是影响高校非学历教育，乃至学校声誉的重要评价点。“质量”是频率最高的词，其次是“网络教学效果”“评估体系”“考核”“标准”“系统性”等。

高校非学历教育需要开放式办学，面向市场和社会，所以开放融合是非常重要的评价维度。各类协作、合作、融合是其重要评价点。

高校非学历教育作为一项事业，重视社会效应，盈利不是其发展目标，所以效应评价很重要。可进一步归纳为社会效应、人才效应、创新效应、地方服务效应、扶助欠发达地区效应等。

从涉及的评价频次可看出评价者所关心的评价维度，由表7－1可知，监管和服务、体制机制、发展程度、发展环境、战略、文化、人力资源、项目、教学培养、质量控制、开放融合、效应均是重要的评价维度。

将指标进一步归纳整理后见表7－2。

表 7－2　　管理层语调变量回归结果

编号	维度	指标
1	监管和服务	高校归口管理、地方政府监管和服务、国家宏观管理、行业监管和服务
2	体制机制	调控、激励、市场化、管理体制、运行机制、政策协调
3	发展程度	规范性、充分性、稳定性、规模、类型、多样性、模式、转型 （发展充分性、规范性、稳定性、规模、类型、规范管理、发展转型、发展、发展、发展、发展多样性、发展模式、现状、转型）
4	发展环境	受支持度、受重视度、地位、社会环境、潜力、机遇、生源、政府需求、供给内涵、背景 （地位、受支持度、社会环境、潜力、重视度、机遇、重视度、生源、政府需求、供给内涵、背景）
5	战略	定位、导向、公益性、整体规划 （定位、定位、定位、定位、发展导向、导向、公益性、办学思想、定位、立足地方、整体规划）
6	文化	理念、态度、主动性、具体建设 （文化建设、理念、理念、态度、主动性、理念、理念、理念）
7	办学主体	社会机构、公办机构 （办学单位、社会机构、公办机构）
8	人力资源	师资、管理者、项目业务人员、人员适应性、保障性、激励性 （师资、业务人员、管理人员、人员适应性、人员保障性、人员激励性、师资、管理队伍、师资、师资、师资、人才队伍、人力资源、师资、师资、师资、师资、师资、外聘教师、管理者激励、薪酬和职称、师资、工作异质性、项目人员、人员协调）
9	财务	投入 （资金、投入、经费、条件、投入）
10	设施	后勤保障 （设施、设施、保障、保障）
11	学习资源	（教育资源、学习资源、教育资源多样性）
12	信息化	信息化、平台 （信息化、线上线下协调、信息化、信息化、信息化、信息化、网络教学、信息化、数字化平台）

续表

编号	维度	指标
13	教研	教研
14	创新	创新、现代化
15	项目	项目布局、项目开发、办学渠道拓展、内培、外引、项目师资、培训方案、网络化、招生、管理模式、师生交流 （项目布局、项目开发、办学渠道拓展、内培、外引、项目师资、项目、项目、项目、培训方案、网络化、项目、招生、管理模式、师生交流）
16	教学培养	模式、模块化、课程、灵活性、针对性、延展性、多元化、专业化、个性化、社会适应性、合理性、学科基础 ［差异化、模式、课程内容；（业务）灵活性、针对性、延展性、针对性、内容多元化、授课模式灵活多变性、课程体系、模块化、教育模式、日常教学、教学内容、专业化、个性化、模式、社会适应性、合理性、特色性、合格性、模块化、个性化、课程、办学特色、办学方式、教学、学科基础、模式］
17	质量控制	质量、网络教学质量、评估体系、考核、标准、系统性 （质量、质量、考核、质量、质量反馈、网络教学效果、网络学习效果、评估体系、质量、考核、系统性、标准、统一性、质量、质量）
18	开放融合	内外协作、产学研协调、资源整合、融合化、政产学研用协调、开放协作、互补、内部协作、对外合作、资源整合、不同所有制优势发挥、师资和课程融合、内部协调、内部协调、平台、平台、开放性、国际化、异地办学、远程培养、产学合作、政校合作、校企协作、企业参与度、企业、院校和政府协同、协调、社会资源整合、校企合作、政府和行业机构合作、学历与非学历衔接、平台、资源整合、合作
19	效应	社会效应、人才效应、创新效应、地方服务效应、扶助欠发达地区效应等 （社会效应、人才培养、拔尖人才培养、社会认可度、全覆盖、服务对象、服务欠发达地区、创新反哺、科研支撑、科研、实效性、意义、认可度、供求协调性、地方服务、价值）
20	风险	风险

注："指标"一栏中，括号内为初筛指标，括号外为进一步筛选指标；如某项维度无括号项，说明初筛指标和进一步筛选指标一致。

在对指标进行归纳整理后，还可进一步对维度进行归纳整理。表7－2中，战略维度和文化维度都是长期取向，且有很大相关性，可合并为战略和文化维度。信息化维度涉及创新，可与创新维度合并为信息化和创新维度。学习资源维度、教研维度均与教学培养紧密相关，故可进一步合并到教学培养维度中。风险和质量有很大关系，故风险维度可与质量控制维度合并成质量和风险控制维度。财务维度和设施维度都与投入和后勤保障有关，故可合并为财务和后勤维度。办学主体和人力资源都是能动因素，前者更多表现为法人，后者为自然人，故办学主体维度和人力资源维度可进一步合并为办学主体和人力资源维度。最终，由20个维度合并成13个维度，见表7－3。

表7－3

编号	维度	指标
1	监管和服务	高校归口管理、地方政府监管和服务、国家宏观管理、行业监管和服务
2	体制机制	调控、激励、市场化、管理体制、运行机制、政策协调
3	发展程度	规范性、充分性、稳定性、规模、类型、多样性、模式、转型
4	发展环境	受支持度、受重视度、地位、社会环境、潜力、机遇、生源、政府需求、供给内涵、背景
5	战略和文化	定位、导向、公益性、整体规划、理念、态度、主动性、具体建设
6	办学主体和人力资源	社会机构、公办机构、师资、管理者、项目业务人员、人员适应性、保障性、激励性
7	财务和后勤	投入、后勤保障
8	信息化和创新	创新、信息化
9	项目	项目布局、项目开发、办学渠道拓展、内培、外引、项目师资、培训方案、网络化、招生、管理模式、师生交流

续表

编号	维度	指标
10	教学培养	模式、模块化、课程、灵活性、针对性、延展性、多元化、专业化、个性化、社会适应性、合理性、学科基础
11	质量和风险控制	质量、网络教学质量、评估体系、考核、标准、系统性、风险
12	开放融合	内外协作、产学研协调、资源整合、融合化、政产学研用协调、开放协作、互补、内部协作、对外合作、资源整合、不同所有制优势发挥、师资和课程融合、内部协调、内部协调、平台、平台、开放性、国际化、异地办学、远程培养、产学合作、政校合作、校企协作、企业参与度、企业、院校和政府协同、协调、社会资源整合、校企合作、政府和行业机构合作、学历与非学历衔接、平台、资源整合、合作等
13	效应	社会效应、人才效应、创新效应、地方服务效应、扶助欠发达地区效应等

值得说明的是，要得出最终评价指标体系还需要进一步的实际验证。本书通过访谈、实地调研、专家访谈，最终完成了此项工作。

第八章　中国高校非学历教育事业评价必要性及标准

明晰高校非学历教育事业评价对象,确定评价内容，初步划分维度和设计指标后，需要结合理论和实践，回答为什么需要这样评，以及如何评，即对评价必要性及标准进行说明。

一　中国高校非学历教育监管和服务评价必要性及标准

高校非学历教育作为公共事业，国家投入大，同时作为重大公益性事业，要求确保正确的发展导向，运营合法合规，因此需要对各级政府、相关职能部门进行监管评价，同时也要确保投入的均衡性、可持续性。另外，高校非学历教育是一个复杂的体系，因此需要对政府及其机构的政策性基本服务进行评价，包括高校归口管理、地方政府监管和服务、国家宏观管理、行业监管和服务等方面。

地方政府监管评价。评价标准应是国家政策传达执行到位，地方监管责任得以履行；严格审批条件，做好机构准入；严格过程监管，日常管理常态化；有效应对突发事件，维护社会稳定；规范高校办学，严格监管宣传、广告、招生、办学等非学历教育关键环节；支持政产学研用广泛联系、紧密合作，但要求建立严格的分工协作体系，防范主体之间超出本身职能范围，模糊身份，越位办学；确保高校必须履行的职责，如招生入学、考试、证书发放不得让渡予高校以外的社会合作主体等。

高校归口管理评价。重在评价高校是否落实办学职能，优化教育资源和师资，统一对外宣传，拟订教育计划，建立教师教学管理体系，规范管理高校非学历教育；详细规划，统一协调各办学主体，建设平台，积累教学资源，建立教育质量监控体系，出台有效的激励和严格的惩罚措施，协调校外合作主体和办学资源，保持教学秩序稳定，维护学校声誉。

办学管理评价。细分评价标准，重在宣传、招生、收费、教学、服务方面等。

二　中国高校非学历教育体制机制评价必要性及标准

高校非学历教育作为一个行业，关键是激发行动主体的办学积极性，让这个行业在一定的体制机制作用下运行通畅。外在的监管和服务干预性强，一定程度上能够产生大的短期效应，而内在的体制和机制体现行业的自组织程度，是高校非学历教育发展的长效所在，所以需要对相关体制机制进行评价，包括调控、激励、市场化、管理体制、运行机制、政策协调等方面。

规则评价。规则包括各类法规、制度及市场规则，要求出台保障非学历教育健康、可持续发展的完善法律法规。

调控评价。非学历教育需要调控，包括教学模式、社会合作形式、招生宣传等，重在评价是否有明确的指导性意见和具体措施，要求相关调控措施完备，宏观调控有力；政策支持到位，主体参与活跃；办学公开透明，适度集中；高校办学主体地位得到维护，适度市场化、产业化；行业自律水平高，行业标准有章可循。

市场化评价。非学历教育非国家义务教育，没有政府拨款和学费配额，需要高校自筹经费举办，尽管市场需求大，但同行间竞争激烈，两极分化严重，一部分高校凭借品牌优势和优质教育资源招揽大量生源，而另一部分高校则处于劣势，甚至开班困难，不仅难以通过非学历教育为学校创收，甚至有亏本的风险。因此，非学历教育不能按照公办计划内的模式办学，必须走市场化发展之路。高校非学历教育过程已经分化为许多环节，包括项目设计、宣传、广告、招生、师资、教学、结业、校友联系等，其中的很多环节在不违法违规的前提下，不但允许市场化，而且还要积极发挥、充分利用市场机制，调动各类参与主体的积极性。非学历教育要广泛利用体制内外资源，尤其社会力量办学。市场化关系着高校非学历教育能否办起来、办下去，并达到理想目标，因此需要对其进行评价。应重点评价在可市场化的环节充分利用市场机制，培育市场能力，广泛利用资源，促进资源流动，实现公平竞争。

运行机制评价。体制内高校是公办，其资源调配、人员配备、职能任务、日常活动均按照全额拨款事业单位要求进行严格统一管理，对于定制化、有标准内容、专业性突出、国家财政全额支持的学历教育而言，这种运行机制较为适合，但对于要响应市场需求，围绕具体学员群体设计课程内容、学员自费的非学历教育，这种严格统一的运行制度由于缺乏灵活性，难以适应市场需求。而非学历教育一定程度上又离不开高校这一母体，尤其是现阶段它还需要借助学历教育资源，因此其运行机制中还要有某些严格统一管理的内容。正因为其有公益性、事业性和公共性的一面，所以非学历教育不能完全按照市场机制来运行，那种认为只有灵活多变的市场运行机制才能适应非学历教育的观点和做法也有失偏颇。对高校非学历教育运行机制的评价标准是，既有政府和机构严格统一管理，又有一定的市场机制，是公办和民营、计划和市场的混合机制；运行机制能够激发创新、运营活力，充分利用需求潜能。

管理体制评价。管理体制决定着管理绩效，但具体管理体制并非千篇一律，需要彰显其灵活性，要根据不同的办学场景确定相应的管理体制。重点评价资源整合、沟通畅达、权责分明、部门关系理顺、充分激励、规章制度健全、管理规范、服务能力提升等方面。

三　中国高校非学历教育发展程度评价必要性及标准

把握发展现状，总结阶段性特征，对于高校非学历教育总体布局、长效发展具有重要意义，故要对其发展规范性、充分性、稳定性、规模、类型、多样性、模式、转型进行评价。

多样性评价就是一种发展程度评价。近年来，学习型社会理念逐渐被大众所接受，不论是企业员工还是一般社会公民都把持续学习作为自己日常工作生活的一部分，而且随着平均受教育水平的提高，产业界和社会对于非学历教育的需求已经不仅仅集中在职业技能培训之上，而是更多地显示出需求的多样化。因此需要把握多样性趋势变化，以采取针对性策略。发展多样性评价重在市场分化、行业培训细分衡量。

四　中国高校非学历教育发展环境评价必要性及标准

环境是事业发展的重要因素。近年我国高校非学历教育发展既面临社会需求大、市场越来越灵活、供给能力增长的良好环境，又面临教育政策收紧、支持力度不够、社会认可度不高的不利环境，因此需要清晰把握各类环境要素，以营造良好的发展环境，所以需要对高校非学历教育发展环境进行评价，包括受支持度、受重视度、地位、社会环境、潜力、机遇、生源、政府需求、供给内涵、背景等方面。

地位评价。我国大力推行科教兴国和人才强国战略，对人才的培养非常重视。非学历教育作为经济社会快速发展的重要促进手段，服务于市场经济发展对人才的需要，可以在短期内让社会人员掌握岗位所需的新知识、新技能，增强岗位适应性。此外，非学历教育也给社会人员提供了“二次充电”的机会。当今社会知识更新速度不断加快，毕业离开学校并不意味着学习的结束。积极参加非学历继续教育培训，学习工作岗位中的新知识技能，对于社会人员来说是一个难得的自我提升机会，有利于职业生涯发展。应重点评价高校是否学历教育和非学历教育并举，且非学历教育作为继续教育的一部分，在学校发展中占有重要位置。①

社会环境评价。非学历教育部门和学员的行为都受到社会风气的影响，不良社会风气不利于高校遵守教育操守，反而助长社会人员对非学历教育的投机行为，如混圈子、拉关系。社会环境评价重在评价高校和整个社会是否能够营造尊师重教、崇尚真才实学、能干会干、不唯学历、不唯文凭、不唯身份标签的风气。

生源评价。高校非学历教育虽然要体现教育公平，尽量扩大教育覆盖面，但物以类聚，人以群分，不合格的生源会对合格的生源造成负面外溢效应。教学需要因材施教，课程设计以一定的学员群体为基础。非学历教育虽然不需要像学历教育那样严格准入、限额招生，但依据一定的条件筛选生源还是有必要的。学员群体的内在一致性、内在质量决定教育质量的高低。基于上述原因需要对生源进行评价。高校非学历教育生源评价重在评价高校是否能够根据课程内容确定培训群体，是否只有符合群体特点、有一定学习基础、动机纯正、态度端正、遵守纪律的申请者才能参加学习。

五　中国高校非学历教育战略和文化评价必要性及标准

需要从战略高度看待非学历教育。高校非学历教育事关国家发展大局、高等教育全局，需要坚决摒弃短期盈利思维，从与学历教育的互补性、终生教育等角度思考和布局。战略谋划和文化紧密相关，都立足于基础和长周期，对高校非学历教育产生深远影响，故可以将二者结合起来进行评价。可评价的方面包括定位、导向、公益性、整体规划、理念、态度、主动性、具体建设等。

理念评价。所有的办学行为都与理念有关，理念是高校非学历教育

① 蔡婷、崔斌：《现代科技发展与我国教育的改革》，《许昌师专学报》1999 年第 4 期。

办学的思想方针，办学质量好坏与思想认识密切相关，办学特色也受到理念左右，所以理念需要评价。高校应在什么是非学历教育，如何办非学历教育，非学历教育为谁服务，非学历教育如何处理集体和个人、校内外关系等根本问题上有正确、深刻、独特的看法。

办学思想评价。思想往往受一定社会思潮的影响，因此办学思想评价不同于理念评价。要搞好非学历教育必须有正确的办学思想，同时非学历教育的办学方式是多元的，因此需要统一高校办学思想，包括领导内部的思想统一、领导和群众间的思想统一。思想是行动的指南，只有从思想认识上高度统一，才能明确职责、健全机构，确保非学历教育工作顺利开展，所以需要对非学历教育办学思想进行评价。应重点评价高校非学历教育办学思想是否正确，且将各项工作高度统一到正确的办学思想上来。

定位评价。国家关于非学历教育的定位关系到国家非学历教育的发展，而高校如何在国家统一部署下确定自己的特色定位，也关系到自身非学历教育特色化、差异化、竞争性发展。非学历教育是一个庞大而复杂的体系，参与主体多，高校应根据自己的条件和职责做好办学定位。又由于非学历教育市场化程度高，对于体制内的高校而言，尤其要定位明确，争取在激烈的市场中谋取生存和发展优势，因此，需要对高校进行非学历教育定位评价。国家和高校对非学历教育的定位均应上升到发展的系统和全局，具体评价时重在评价定位是否恰当而清晰，包括办学定位和功能定位等。

发展导向评价。高校非学历教育应坚持国家发展、公共服务的大方向，同时结合学校特色、行业背景、地方情况，找好自己的具体发展目标。发展导向关系到高校非学历教育成败，故及时评价、正确评价很重要。高校应依托已有资源和行业资源、市场资源，在收支平衡的基础上，坚持非学历教育公益导向，全面服务国家、经济、社会发展。

文化建设评价。非学历教育需要以一定的文化作支撑，非学历教育文化是高校文化的重要组成部分，学历教育和非学历教育功能不同，文化有所差异在所难免，二者应协调发展，避免学历教育文化干扰非学历教育文化，或者非学历教育文化干扰学历教育文化。如何协调则考验一所学校的文化建设能力。应重点评价高校非学历教育在传播上延伸高校品牌形象，非学历教育文化不仅要有自己的特色，还要与学历教育文化互补。

公益性评价。非学历教育应为社会人才培养和技能提升、公民个人素质提高服务，尽管能够产生经济效益、产业效益，但社会公益性是第一位的。认识并贯彻公益这一基本属性不容易，当前存在很多误区，所以有必要对其进行评价。在实践中应贯彻非学历教育公益性，不仅认识之，而且在课程设计、教学过程、经费投入、政策支持中体现之。重点评价高校是否认识到非学历教育的本质是人才培养，是一项基本的社会公益性职能，并从投入、运营、评价等方面践行。

六 中国高校非学历教育办学主体和人力资源评价必要性及标准

办学主体和人员是高校非学历教育的重要能动因素，需要调动起机构和人员的办学积极性，并规范其办学行为，因此有必要评价高校非学历教育办学主体和人力资源。比如非学历教育具体以培训形式开展，管理方式通常按照项目制实施。一个培训项目对应一个管理团队，当培训项目结束后，管理团队一般也自行解散。当需要开设新的培训项目时，根据培训项目情况重新组织一个相应的管理团队并具体协调分工，责任落实到人。一支素质高、纪律性强的管理队伍是保证非学历教育培训顺利开展并取得良好培训效果的重要基础。① 因此，需要对非学历教育管理队伍进行评价。

高校非学历教育办学主体和人力资源评价涉及社会机构、公办机

① 李丹：《我国高校非学历教育发展探究》，《产业与科技论坛》2021 年第 19 期。

构、师资、管理者、项目业务人员、人员适应性、保障性、激励性等方面。对办学主体应重点评价其是否有相关资质，以一定的专业为基础，特别是要立足于已有的专业布局。机构评价需参考相关管理文件精神。对社会机构主要从长远指向性、为提高办学质量做出的努力、培训计划的系统性、培训内容的充实性、运营的合规合法性、服务学员群体的有效性、对经济社会发展一线的推动性等方面进行评价。对公办机构主要从现实指向性、为调整办学方式做出的努力、培训计划的系统性、培训内容的适应性、运营的有效性、服务国家战略的有效性、对经济社会发展的支撑性等方面进行评价。管理队伍评价重在评价其是否能够快速组建团队，充分激励团队，团队人才结构合理、项目分工严密、专业协作能力强、纪律性强。非学历教育针对性强，有其独特的学习内容、教育规律和课程体系，因而其师资也应逐步专业化、职业化，不能简单用学历教育师资替代，重在评价师资队伍专业化、职业化水平，是否能够满足发展需要。外聘教师是高校非学历教育师资的重要组成部分，故需要对外聘教师进行单独评价。外聘教师在非学历教育教学中与专职教师一样有着举足轻重的作用，但因其身份的特殊性又与专职教师存在很大区别，需要认真评估现阶段外聘教师管理中存在的问题，建立合理有效的外聘教师管理体系，充分发挥外聘教师在教学中的优势。外聘教师评价重在评价遴选、任用是否合乎规范，激励、监督管理机制是否有效。人员适应性评价重在评价高校人员是否能够满足非学历教育的需要，适应面向社会办学的特点。人员保障性评价重在评价高校是否为非学历教育工作人员提供制度、财务、物资、工作条件保障。人员激励性评价重在评价高校是否有充分的激励使非学历教育工作人员从事相关工作。

七　中国高校非学历教育财务和后勤评价必要性及标准

投入、设施、后勤等是高校非学历教育的物质基础，属于办学条件中的“硬件”范畴，是基本的办学资源，但由于长期以来高校主要开展学历教育，国家财政也主要支持学历教育，所以高校非学历教育物质基础条件薄弱，基本建设还有一个很长的过程，同时需要更新投入观念。在一定程度上，硬件甚至已经成为制约高校非学历教育发展的重要因素，所以需要对其进行评价，评价涉及投入、设施、保障、后勤资源等方面。财务和后勤条件的改善首先从重视度开始，体制内高校管理体制实行层级制，因而领导是否重视成为高校非学历教育能否得到发展的重要因素。我国高校非学历教育还具有浓厚的公营色彩，但在实际运行中，却缺乏相应的经费支持。在教学资源的利用上，国家对非学历教育利用学历教育资源开了一定的口子，即允许非学历教育在一定范围内、一定程度上使用学历教育资源，由此造成非学历教育依从于学历教育。只有学历教育资源有剩余时，非学历教育才能使用其资源，具体能够利用多少取决于学校的重视度，也即由资源使用情况可看出学校对非学历教育的重视度。又如教育资源是高校非学历教育得以开展的基础，资源基础决定办学能力。有效的保障机制是高校非学历教育事业健康良性发展的基础，所以有必要对保障机制进行评价。

重视度评价重在评价领导重视，有一定的经费和资源支持。设施评价重在评价高校是否有支持非学历教育的良好设施。财务评价重在评价高校是否采取开放办学和市场化运作的方式，按照“谁学习、谁受益”的原则，实行学校与部门、企业合作共建的机制，建立学校、组织与个人按比例承担非学历教育财务成本的分担机制。教育资源评价重在评价高校是否有非学历教育发展所需的充足经费支持、软硬件基础设施配备。鉴于当前非学历教育对学历教育的依附，资源的独立性、充分性、先进性成为教育资源评价的重要衡量指标。投入评价重在评价高校对非学历教育是否有充分投入，不仅国家投入，还带动社会、产业界积极投入。保障机制评价重在评价高校对非学历教育是否有有效的组织机制、投入机制和健全的法律法规。

八 中国高校非学历教育信息化和创新评价必要性及标准

高校非学历继续教育不仅仅是照本宣科和简单的技能传授，它涉及知识传播、创新转化、从理论到实践，也同样离不开创新。目前中国高校非学历教育创新和信息化应用紧密联系在一起。高校非学历教育师资质量、课程内容、办学特色等都需要通过科研不断强化，高校非学历教育师资不是简单的技能人员，要通过科研提升学识、创新水平。高校非学历教育课程需求根据社会需要和学科基础开发，也离不开科学探索。而高校非学历教育办学以教育科学为基础，需要进行系列管理、评价创新。培训产品开发、课程设计是典型的创新行为，需要有高水平的人力资源作为支撑。非学历教育不仅需要创新发展，还能支持高校，乃至国家创新发展。国家创新系统是一个由基础研究、应用研究、工艺开发构成的成梯度的体系，非学历教育部门在高校中担负知识传播、技术扩散、一线技术需求沟通、研发中试、技术应用等职能，非学历教育能够反哺高校创新。因此，既要对高校非学历教育进行评价，还要对其纳入高校创新体系、国家创新系统的情况进行评价。此外，信息化，尤其是在线教育的发展是高校非学历教育的重要创新内容，因此需要对高校非学历教育信息化重点评价。比如随着网络时代的到来，平台成为各单位工作的载体、中心、枢纽，平台也是实体世界的虚拟反映，能够借助网络实现便捷沟通、记忆存储、无纸化办公、远程、不接触服务等功能，随时、随地在高校非学历教育中发挥重要作用。

创新评价重在评价高校能否培养创新型师资，培训创新型人才；研发出高水平、产销对路的培训产品，开发出适应非学历教育特点和社会需要的课程内容；创造性地进行知识传播、创新转化、理论应用。创新反哺评价重在评价高校非学历教育是否促进知识传播、技术扩散、一线技术需求沟通、研发中试、技术应用，能否架起理论和实践双向沟通的桥梁。信息化评价重在评价高校是否能够培育信息资源，完善信息化设施和机制，提高数据采集和处理能力，为宏观调控、地方监管、高校办学提供信息化支撑。平台评价重在评价高校所建信息平台能否承担非学历教育信息发布、项目管理、项目运行、课程教学、成果展示、资源共享、体系共建、证书查询和合作加盟等职能。网络教学评价重在评价高校是否成立学校网络教育建设领导小组；总结教学经验，积极改革网络教学方法；构建新型网络教学课堂，教学中重视教师全程导学，应用新的教学方法。例如，在教学之前教师可以充分了解所有学员的学习时间，在保证全员参与的基础上开展网络直播教学，这样教师能通过直播的方式详解课堂内容。又如，为了保证直播教学中师生之间良好的互动，教师可以允许学生以弹幕的形式推送自己对知识点的认识，并与教师完成互动；之后，教师还可以通过直播软件的历史资料，收集学生发送的弹幕信息，判断学生在学习中遇到的难点问题，以便在下一次网络直播教学时进行教学改进。①

九　中国高校非学历教育项目评价必要性及标准

高校非学历教育没有一定的学制，根据市场需求灵活制订培训方案，设立项目，短期项目是其最主要的培养形式，项目设计、规划、运营决定着高校非学历教育的培养质量和市场认可度，因此需要对高校非学历教育项目进行评价，评价涉及项目布局、项目开发、办学渠道拓展、内培、外引、项目师资、培训方案、网络化、招生、管理模式、师生交流等方面。

项目布局评价。高校非学历教育需要根据市场需求、自身资源优势、发展目标等因素布局项目，以形成综合项目优势，并利用范围经济性，进行模块化项目布局。鉴于项目布局对于高校非学历教育的

① 钟志勇、何文滢、陈烨：《双师课堂助推民族地区教师专业发展：优势与问题——基于云南迪庆D中学的个案研究》，《民族教育研究》2022年第4期。

重要性，需要对其进行评价，应重点评价布局是否层次分明，体系化、特色化。

项目开发评价。非学历教育运行不同于学历教育，更多以项目的形式展开，没有固定的招生和教学模式，学习对象为社会人员，面向市场，因而需要针对市场需求进行项目开发，应重点评价项目开发是否合乎市场需求，教学内容和模式是否契合社会人员的学习特点。

培训方案评价。与学历教育重理论、轻实践的模式不同，非学历教育侧重于短期内掌握技能，更加注重岗位实践能力的培养。培训方案是整个培训过程从生源招收到学员毕业，从实施到评价的一揽子设计，是培训模式的集中体现，也是培训行为指南，对全盘了解培训情况，整体把握培训进度有重要参考意义。培训方案关系到高校非学历教育的成败，因此需要对其进行评价，应重点评价高校是否对方案设计、方案实施、方案调整进行规范操作，确保方案自始至终合理，能够应对突发情况，并在实际办学中趋于完善。

服务对象评价。高校非学历教育面向经济社会发展主战场，服务于人们的生产、生活，故所服务人群广泛，但任何一所高校、一个办学单位的资源都十分有限，且面对激烈的市场竞争，因此服务对象不是越多越好，而是越专越好，为了保证教学质量，高校非学历教育需要在一定的服务群体中深耕细作。人群只是狭义对象，高校非学历教育的服务对象还有更广泛的内涵，包括面向社会、面向基层、面向产业、面向市场、面向未来。对服务对象的评价是理解一所高校非学历教育服务价值的重要途径，重在评价高校非学历教育是否面向特定人群、面向社会、面向基层、面向产业、面向市场、面向未来。

办学渠道拓展评价。当前我国高校非学历教育几乎没有国家拨款，也不属于学制内教育，办学资源、生源、经费主要来自社会统筹，所以高校需要开展多方合作，拓展办学渠道。办学渠道越是多样化，非学历教育抗风险的能力就越强，得到的社会支持就越多，发挥的社会作用就越大。办学渠道越宽，高校非学历教育规模可能就越大，越能实现社会和经济利益的双丰收。尤其是在一定的教育规模和前期投入下，高校非学历教育需要有一个起始规模，也称盈亏平衡点，如果不能开拓一定规模的办学渠道，那么高校则难以达到盈亏平衡。办学渠道事关高校继续教育是否能够开办，所以也需要进行评价。应重点评价高校是否广泛建立与政府、各行业部门、企事业单位、市场中介机构等合作的渠道，丰富合作内容，围绕双方需求，不断充实培训课程，长期合作，滚动开发。

专业化评价。学科需要专业化，实践应用和技能领域分工也需要专业化，非学历教育虽然以实际应用为目标，但教学培养离不开专业基础。专业基础是不是扎实、专业领域是不是有针对性成为非学历教育专业化发展的两个重要标准。应重点评价高校非学历教育是否专业基础扎实，专业领域针对性强。

个性化评价。高校非学历教育学员社会来源分布广泛，成分复杂，身份差别大，诉求多样，教育要尊重其个体化差异，根据学员的需求，及年龄、工作、学习和生活特点，设置不同的学习内容，再对其具体表现进行个性化评价。应重点评价高校是否针对非学历教育特定学员群体量身打造课程体系，设计培训方案，提供精准教学服务。

延展性评价。随着时代发展，高等教育不再是“一考定终身”，而是逐渐进入全民教育、终身教育阶段；不仅是全日制精英教育，还有非全日制大众教育；不仅要关门集中办学，还要开门延伸办学。高等教育呈现出时空延展特征，因此，需要对此进行评价。应重点评价高校非学历教育是否能够充分满足学制外、学历外、在职继续教育需求，让人们有终生学习的机会，有随时随地可参加高等教育学习的机会。

社会适应性评价。由于体制内外差别，高校非学历教育与社会需求往往存在脱节情况，项目适应性成为高校非学历教育办学水平的重要评价指标。应重点评价高校是否建立适应非学历教育的培训方案，课程内容针对学员群体量身定制，教学计划、教学方式适应在职成人特点，重视技能水平的提高和素质的提升。

合理性评价。高校非学历教育由于受到学历本位、行政本位、政绩本位等错误观念的影响，偏离一般发展规律，因此需要对合理性进行评价。应重点评价高校是否能够根据非学历教育特点和学员实际情况合理安排教学主题、内容、时间，采取适合的教学方式。

特色性评价。学习资源是高校非学历教育开办之本与发展关键，特色化学习资源充分与否、质量高低直接影响高校非学历教育成效。课程教材是参训人员获取知识的载体，培训教师是传播知识的主体，只有拥有特色化教材和优秀师资，才能进行特色化教育培养，提高教学针对性，建立高校非学历教育竞争优势，使学员获得真正有用的知识和技能。因此，应重点评价高校是否具有特色化的学习资源、教学内容、师资。

异地办学能力评价。异地办学即到异地实地办学。高校，尤其是高层次高校，优质培训项目社会需求面大，潜在培养对象地域分布广泛，需要打破高校属地办学局限，向更加广泛的区域投送学习资源。应重点评价高校是否具备在异地，特别是在更广泛的地区，包括偏远地区、老少边穷地区办学的能力。

远程培养评价。远程培养是高校通过远程技术手段，尤其是信息技术手段，实现远距离教育培养，学习内容主要通过网络传输。在我国，教育具有区域发展不平衡的特点，尤其是老少边穷地区、西部地区、农村地区、民族地区等，高等学历教育资源覆盖有限，亟须通过非学历教育弥补学历教育区域分布不均衡的短板。鉴于非学历远程教育对增进教育公平、打破区域教育不平衡的重要意义，需要对其做出评价。要重点评价高校非学历教育是否能够通过远程信息手段，覆盖边远地区，包括老少边穷地区、西部地区、农村地区、民族地区等。

十 中国高校非学历教育教学培养评价必要性及标准

教书育人是教育最重要、最基本的使命，非学历教育虽然和学历教育有所不同，但同为教育，不能脱离教育的基本宗旨。教学培养是高校非学历教育的中心工作，是抓好非学历教育项目、办学成功的关键，需要对其进行重点评价。比如模块化是非学历教育课程体系的重要特色，以现实问题为导向的非学历教育培训往往需要综合多学科课程，包括基础课、专业课和拓展课等课程类别，因而需要以模块集成的方式整合各类、各细分课程。模块化既需要专业质量，又需要合理的边界和一定的联系性，便于课程之间的组合。鉴于模块化是非学历教育课程体系水平高低的重要体现，所以需要对其进行评价。社会上有继续教育、终生教育、职业教育需求的群体庞大、成分复杂，需要在细分领域或者群体中设立针对性非学历教育项目，所以需要对针对性进行评价。非学历教育面向一线社会大众，一方面是在传送知识，另一方面也是在紧跟前沿、收集信息。面对新的问题，既要在实践中总结经验，并上升为理论和教学理念，也要在技术扩散、知识传授、学术再创造、方法再创新中服务社会，所以需要结合职业、终生、社会、实践、技能、素养等特性展开教育和教学研究；非学历教育教研和学历教育教研一样重要，而且后者复杂度可能更高，所以需要对教研进行评价。课程是非学历教育最重要的输入，学员往往依据课程申报学习方向，合理的课程体系也是保证培养质量的根本，所以课程体系评价很重要。

高校非学历教育教学培养评价紧扣非学历教育特点，主要包括课程体系、模式、模块化、课程、特色性、灵活性、针对性、延展性、多元化、专业化、个性化、社会适应性、合理性、学科基础等方面。比如特色性评价重在评价高校非学历教育办学特色是否鲜明。教学灵活性评价重在评价高校响应社会人才培养需求和公众个人旨趣，创新设置培训方案，并在运行中灵活调整，课程“短平快”的情况。针对性评价重在评价高校非学历教育是否针对特定人群或者地域；办学内容与日常经济社会工作业务是否深度融合，切实提升学员的“现实生产力”；更好地服务国家战略和社会发展，提升社会服务的时效性和影响力。教研评价重在评价高校非学历教研活动是否支持一线教学，并提高非学历教育知识和研究水平。课程体系评价重在评价高校是否坚持实用知识传播和技能培训原则，根据受训者学习基础、条件及培养目标、学习目的，动态设计课程、教学计划、考核标准。模块化评价重在评价高校非学历教育课程之间是否边界分明，各自既不重复，又具有独立性；依据一定的分类标准或者逻辑，模块课程之间能够建立联系；模块之间具有一定的架构，便于课程设计。学科基础评价重在评价高校非学历教育中教学理论和实践是否相结合，既有必要的理论内容，更有技能性、应用性强的实践内容。

十一　中国高校非学历教育质量和风险控制评价必要性及标准

质量是教育服务的生命，尤其是非学历教育，市场程度高，不以拿学历文凭取胜，而以获取知识、提高技能水平见长，入学门槛低，社会竞争激烈，如同生产质量一样，教育服务质量最终决定高校非学历教育的品位和竞争能力，所以需要对质量进行评价。同时，质量优良的反面是质量低劣，这极易引发办学风险和连带的社会风险，甚至行业和政策风险，所以需要对教育质量和风险一并进行评价。比如非学历教育是一项市场行为，容易在招生等环节引发市场交易风险；同时，它也是一项社会行为，学员集中学习相当于社会群体性聚集，应对不慎容易引发社会事件，故要对稳定性进行评价。反馈是规范管理过程中不可缺少的环节，它使高校非学历教育在计划、实施、监督和重新运行间形成闭环。反馈具有校正和强化作用，所以需要对质量反馈进行评价。培训合格性评估是对参训人员学习情况的客观测评，是对教师授课效果的直接评定，更是对非学历教育人才培养质量的基本测定。对于培训合格性应有科学的测评，而且需要对这种测评进行反评价。

高校非学历教育质量和风险控制是评价重点，评价领域主要包括质量、网络教学质量、评估体系、考核、标准、系统性等。办学质量评价重在评价高校对非学历教育是否追求内涵式发展，形成相对完善的制度体系和评估机制，投入相对充足，在规模、质量、效益上能够做到统一与平衡。教学质量评价重在评价高校是否按照品牌建设的标准打造非学历教育项目、产品，教学内容新颖、服务优质到位、水平特色拔尖、模式新奇独到、现实应用见效快等。稳定性评价重在评价高校非学历教育是否稳定、有序开展，相关社会主体满意、社区和谐。网络教学效果评价重在评价高校培训开始之前授课教师的培训方案制订情况，培训中参训人员对授课教师问卷调研的回答情况，远程在线培训平台上授课专家被选择率和授课专家线上问题回答率，面授答疑中参训人员对面授专家的评价度，培训后参训人员回单位实际工作一段时间后对授课教师的反馈情况等。网络学习效果评价重在评价参训人员远程在线培训平台上学习点击数，学习回答正确率，线下面授教学交互式辅导参与率，实践操作合格情况，参观考察参与率，培训后回所在单位工作实际成效等情况。① 合格性评价重在评价参训人员学习过程是否规范且成绩合格；教师授课过程是否规范，并达到预期培训效果。考核评价重在评价高校是否有符合非学历教育的特点。公平、合理、有激励性的考核评价体系，是一种反评价。

十二　中国高校非学历教育开放融合评价必要性及标准

非学历教育涉及教育界、产业界、广大社会、政府、个人、家庭，是多方融合协作的结果。打破国界是国际协作的结果。需要突破所有制

① 李莹、张懿凡：《提高行业类高校非学历继续教育质量的措施刍议——以长安大学为例》，《高教学刊》2021 年第 5 期。

局限，既有体制内机构的稳定投入和服务供给，又有体制外机构的补充投入和灵活服务供给，办学项目的设置往往表现为混合所有制形式。相比学历教育，非学历教育更强调开放融合，所以需要重点对高校非学历教育开放融合进行评价。

内外协作评价。高校非学历教育是终生教育的重要支撑，教育对象为高校学制之外的广大社会人员；教育内容不以书本和理论为主，更重实践，需要适应产学研用一体化的需求，紧密联系高校内外相关各方，通过内外协作办学。内外协作评价重在评价高校内外协作渠道是否畅通，非学历教育平台能够有效沟通产学研用各体系，非学历教育能够利用外部资源反哺学历教育，内外资源利用良性循环。

产学研协调评价。产学研协调是高校面向企业、产业界培训项目得以成功举办的基础，没有产业界的支持和需求，高校的企业、产业培训项目很难有效开展。非学历教育的这一特点和学历教育显著不同，学历教育基于文凭可以通过学制式培养独立运作、闭环运行，但非学历教育必须基于产业和社会需求，离不开产业和企业支持，是一个开放的链条体系。而且企业、产业项目占据高校非学历教育培训的比重很高，所以需要对产学研协调进行评价。产学研协调评价重在评价高校是否以非学历教育为纽带，通过产学研一体化教学实现高校和地方产学研对接合作，解决成果供给不足、市场和企业对新技术承接力不足、产学研服务不足等问题。

资源整合评价。非学历教育因其行业、产业、终生、继续、社会等属性，是社会各界共同努力的结果，需跨界整合资源。资源整合是高校重要的办学能力，需对其进行评价。资源整合评价重在评价高校是否能够在经费投入、生源、项目设计、课程内容、教学运营等方面协调社会各界，整合多方资源，从而构建起非学历教育开放发展新格局。

学历和非学历教育融合评价。学历教育和非学历教育同为高校教育的重要组成部分，但二者存在较大差异，在风格和形式、服务社会的途径和方式等方面显著不同，所以不可避免存在一定的冲突，尤其是高校发展以学历教育为重，非学历教育为辅；二者现实的资源条件、发展取向不同，所以需要融合，也只有融合才能使非学历教育和学历教育互补，作为当前弱势一方的非学历教育才能获得发展机会，因此，学历和非学历教育的融合成为评价高校非学历教育的重要方面。学历和非学历教育融合评价重在评价高校学历教育与非学历教育是否相互促进、深度融合；但融合不等于重合，相互促进不是不分彼此，而是二者有各自的办学理念、独特的运行规律，一方面互相支持，另一方面保持一定的距离，各有自己的独立性。

开放协作评价。学历教育重学科建设，在基础理论突破难、研究周期长的背景下，大学学历教育课程内容比较稳定，甚至一些基础学科教材，几十年都可以沿用某一经典教材，学术圈子狭窄，专业领域人员屈指可数，但继续教育、非学历教育是一个知识与社会、知识增量与存量不断交互的过程，开放是其发展的生命。因为知识、技能、学习内容开放而要求办学开放、机构设置开放、项目开放、师资开放、教育资源开放。正因为开放协作对高校非学历教育的重要性，所以需要对其进行评价。开放协作评价重在评价在责权利对等、符合国家政策、互惠互利、有利于共同事业发展的前提下，高校是否就非学历教育和社会机构展开广泛合作，合作渠道畅通，机制灵活，有充分激励；遇到矛盾、冲突和意外情况时有有效的协调机制。

内部协作评价。当前科学的界限越来越模糊，诞生了大量跨学科的专业和课程。往往一些培训产品、课程或者项目，同一所大学内许多办学单位都有涉及，从而为非学历教育开办的专业性制造了难题。同时，非学历教育和学历教育不同，前者更多是实践导向，以问题解决为依托，涉及实践操作知识的多方面，需要调动各学科的力量，这也为课程开办规范制造了难题。一些跨学科培训项目很难厘清其具体学院归属，从而造成项目开办的无序，即大家争抢优质教学项目，甚至关联度不大的单位也“打擦边球”。内部协作不仅体现在项目申报立项上，还体现在具体的师资和教学资源组织上。非学历教育部门需要和学历教育部门协调，各个院系之间需要协调，最典型的如师资分派、场所占用、设备使用等，各部门之间协调难度大。内部协作成为高校非学历教育归口管理的重要事项，所以需要评价。内部协作评价重在评价高校能否科学划分各部门责权利，设置一定的规则和程序，培训项目申报流程，使其运行有序；师资、场所、设施、设备等教学资源调配在各部门间协调顺畅。

对外合作评价。长期以来，高校办学具有计划性和体制内特点，封闭办学倾向严重，对外合作交流少。而且凭借体制优势，高校教育一直是供方市场，不愁生源，所以也无须在招生环节依靠外部市场，在教学环节进行对外交流。但非学历教育与学历教育差异大，性质有很大不同，体制外运行特点明显，需要直接响应社会，沟通“政产学研用”，对外合作成为高校非学历教育办学的根本途径。可以说，没有对外合作就没有非学历教育，因而需要对高校非学历教育对外合作进行评价。对外合作评价重在评价高校对外合作是否有激励措施，体制机制健全，能够充分挖掘外部合作需求，资源内外流动畅通。

不同所有制优势发挥评价。混合所有制的建立在于发挥不同所有制的优势，非学历教育需要集合官方和民间、教育和产业资源，公营和民营相结合，既运营规范又不失市场活力。可以说，要发挥非学历教育的潜力，无论是市场经济潜力还是社会效益潜力，都离不开不同所有制优势发挥，不同所有制优势发挥成为非学历教育发展的改革热点、难点，也是重要增长点。需要通过不同教育环节引进不同所有制成分，在发挥单类所有制优势的同时，取得良好的综合效益。不同所有制优势发挥评价重点评价高校能否在不同教育环节设计不同的所有制组合模式，提高所有制发展的综合效能、效益。

国际化评价。高校教育国际化是高校顺应全球化潮流，将国际、多元文化融入教学、研究和服务功能的过程，是大学实现持续成长的重要途径，也是现代大学区别于传统大学的重要特征。[①] 随着我国“双一流”建设战略的持续推进，办学国际化已经成为衡量一所大学综合实力的核心指标，在此背景下，国内越来越多的高校把国际化列为学校发展战略，并赋予其丰富的内涵。[②] 因此，需要对高校非学历教育国际化进行评价。高校非学历教育国际化评价包括办学理念国际化、人员国际化、办学国际化、国际化显示度等维度，其中办学理念国际化可分解为国际化发展战略、国际化发展定位和国际化办学目标等，人员国际化可分解为教师国际化、学生国际化，办学国际化可分解为课程国际化、科研国际化和管理国际化等，国际化显示度可分解为国际知名度、美誉度等。[③]

十三　中国高校非学历教育效应评价必要性及标准

所发挥的效应是事物评价的重要内容，对高校非学历教育发展的把握要紧密依据其所发挥的效用，效用评价是国家政策制订、政府调控、高校办学的重要参考依据，所以需要对高校非学历教育效应进行重点评价。

社会效应评价。社会服务是高校非学历教育的根本宗旨，社会人员通过非学历教育，能不断提升职业能力和综合素质，从而为社会发展持续作出贡献。社会效应评价重在评价高校非学历教育为社会培养人才，提高公民素质，服务发展，助力人们美好生活方面的情况。

人才培养效应评价。人才培养是高校的根本任务，学历教育和非学历教育成为当今高校非学历教育的一体两翼，后者人才培养的长期性、

① 罗英姿、李芹、韩纪琴：《高校研究生教育国际化评价指标体系构建初探》，《学位与研究生教育》2009 年第 11 期；王祖林：《我国大学院系国际化实施困境与推进策略》，《高校教育管理》2017 年第 4 期。

② 农春仕：《大学国际化评价指标体系的构建》，《黑龙江高教研究》2021 年第 2 期。

③ 农春仕：《大学国际化评价指标体系的构建》，《黑龙江高教研究》2021 年第 2 期。

终生性、全面性、系统性更强。也可以说，学历教育往往有一定的学制，有相对固定成熟的人才培养模式，讲究人才培养底蕴和知识深厚积淀，因而人才培养的灵活性和与时俱进性较弱，而非学历教育通过灵活的办学模式，积极响应社会需求，能够弥补学历教育人才培养的不足。鉴于此重大意义，需要对人才培养进行评价。人才培养效应评价重在评价高校在使人才学习新思想、新知识、新技术、新技能，强化人才能力，全面打通人才培养链，完善国家人才结构，培养应急人才、紧缺人才等方面的情况。

拔尖人才培养评价。在职责评价中，某些职责内容既必须又重要，有重大意义，需要相关主体积极履行和担当，从而才有评价和管理的必要。我国拔尖人才奇缺，这类人才既要有正规教育的学术涵养，也需要丰富的实践经验和技能，在新的科技潮流中继续学习、与时俱进，这就需要非学历继续教育在拔尖人才培养方面展现作为。在信息和技术快速迭代的新时代背景下，学历教育往往面临教学形式单一、教学内容滞后、实践性和应用性不足等问题，可能已无法完全满足或者适应对于全日制学生的“现实创造力”和“未来生产力”的培养需要。高校非学历教育的本质是教育，教育的本质是人才培养，非学历教育能协助学历教育完善通识教育体系、更新教学内容、丰富教学和实践案例、开展第二课堂，从而有利于拔尖人才的培养。① 拔尖人才培养评价重在评价高校非学历教育所推动的科学研究和学科建设能反哺教学，促进学历教育的学术化、特色化、内涵化提升，② 为培养拔尖人才服务。

社会认可度评价。社会认可度既关系到学校声誉，也关系到非学历教育的声誉，前者影响高校发展，后者影响继续教育行业发展，所以需

---

① 叶晓汀、王斌：《基于“三元主体”的高校非学历教育办学新模式研究》，《当代继续教育》2021 年第 1 期。

② 叶晓汀、王斌：《基于“三元主体”的高校非学历教育办学新模式研究》，《当代继续教育》2021 年第 1 期。

要对社会认可度进行评价。社会认可度评价重在评价社会各界对非学历教育的价值认可度及运营美誉度。

地方服务评价。教育有区域性特点，特别是成人教育，成人有家庭、有工作，所以一般难以远离所在区域，需要尽量在当地完成继续教育学习，只有当地无法提供时，才考虑异地学习。此外，地方发展对继续教育产生巨大的需求，所以高校需要结合特定区情，开展非学历教育。此外，我国高校布局兼顾了区域和行业平衡，各省区高校有服务地方的职能，各行业高校有服务行业地方的职能，不仅对于学历教育如此，对于非学历教育更是如此，因而需要对高校非学历教育进行地方服务评价。高校非学历教育地方服务评价重在评价高校是否立足于各地实际，围绕地方发展目标，扩散知识和技术，培养地方所需要的实用型人才，为地方发展提供技术、经济、文化、社会等领域的解决方案。

服务欠发达地区评价。区域平衡是公有制条件下，我国经济社会发展的必然选择，教育是区域平衡发展的基础，高校非学历教育的地区分布影响着我国区域平衡格局，所以需要对其进行评价。服务欠发达地区评价重在评价高校非学历教育资源在区域间、城市间、城乡间、东中西部的分布是否相对均衡。

实效性评价。非学历教育重实效，许多学员的学习目的是学以致用，对经济社会发展产生实效是非学历教育的重要功能，所以需要对实效性进行评价。实效性评价重在评价高校非学历教育是否有实际的用途，学习内容能否满足实际需要，学员培养后能否掌握技能，改进生产效率或者提高生活质量。

服务发展转型评价。经济发展、产业转型需要创新型人才，创新很多时候是在技术设想和实践需求的碰撞中产生的，在职人员培训，沟通产学研十分重要。同时需要新型人才，比如网络经济发展，需要新一代网络人才。需要新技术的扩散，比如信息转型需要将信息技术渗入传统产业，促进信息产业和其他产业的交叉融合。非学历教育是推动发展转型、培养社会急需人才的重要途径，所以需要对其发展转型功能进行评价。服务发展转型评价重在评价高校非学历教育课程设计、人才培养是否紧密结合发展转型，为经济发展转型贡献新思路、新方案、新技术、新型人才。

全覆盖效应评价。高校不仅通过扩大统招规模，将象牙塔内的学历教育逐步变为一般大众教育，更通过非学历教育，让所有的人只要具备一定的宽松条件就可以接受大学教育。非学历教育对大众教育的覆盖面更广，因此有必要对高校非学历教育全覆盖效应进行评价。全覆盖效应评价重在评价高校能否促进终生学习，为越来越广泛地区的人们带来非学历教育的机会。

第九章　中国高校非学历教育事业细分评价

一　中国高校非学历教育监管和服务评价

（一）监管和服务政策依据评价

政策文件是各级、各部门高校非学历教育监管和服务的依据，国家先后出台了以下法规文件：《中华人民共和国教育法》（2015 年，简称《教育法》），《中华人民共和国高等教育法》（2015 年修订，简称《高等教育法》），《中华人民共和国职业教育法》（1996 年，简称《职业教育法》），教育部《面向 21 世纪教育振兴行动计划》（1998 年），教育部《2003—2007 教育振兴行动计划》（2004 年），教育部《关于进一步加强部属高等学校成人高等教育和继续教育管理的通知》（2007 年），《中华人民共和国国家中长期教育改革和发展规划纲要（2010—2020 年）》（2010 年，简称《国家中长期教育改革和发展规划纲要（2010—2020 年）》），《国民经济和社会发展第十三个五年规划纲要》（2016 年，简称《"十三五"规划纲要》），《决胜全面建成小康社会　夺取新时代中国特色社会主义伟大胜利——在中国共产党第十九次全国代表大会上的报告》（2017 年，简称党的十九大报告），中共中央办公厅、国务院办公厅《加快推进教育现代化实施方案（2018—2022 年）》（2019 年），《中国教育现代化 2035》（2019 年），教育部《职业教育与继续教育 2019 年工作要点》（2019 年），教育部《普通高等学校举办非学历教育管理规定（试行)》(2021 年，以下简称《管理规定》)。相关法律和政策文件促进了我国高校非学历教育的发展，但也从实地调研中看到，部分管理细则还有可以完善的地方，特别是可操作性有待增强。

（二）国家层面监管评价

在新的《管理规定》出台之前，尽管国家层面对参与高校非学历教育培训机构的准入、审批条件均逐年提高，但各个地方文件执行不到位，实际情况是关涉高校非学历教育社会机构多，国家对过程监管不够。许多校外涉高校非学历教育培训机构打着高校的幌子，甚至直接冒称高校办学方开展非学历教育。首先，一些社会培训机构在工商行政部门进行登记注册后，相关行政部门并没有对其进行全面彻底的审批和管理。其次，各地的监管负责单位只重视机构创立初期的资质审查，在事后并未履行后续管理职责，没有对已经有资质的教育培训机构进行持续跟踪、管理、回访、考核，对于那些缺乏办学资质、未通过审查的机构，未能做到彻底禁止。最后，审批仅以符合本部门要求的、具体的纸质条文进行规约，材料符合当地政策要求，或者程序按流程走就给予办理。审批责任人并不统一，出现审批时各部门职责交叉重叠，而审批后也没有部门进行管理的现象。各个部门的监管权限不清晰，导致监管效率低下。[①]《管理规定》出台之后，市场乱象逐步得到纠正，但高校为适应新政策，需要对非学历教育做出重大调整，目前正在调整期，加之疫情影响，很多高校处于观望状态，甚至非学历教育中断、停办。

（三）省级监管评价

除了部属高校，高校非学历教育监管责任具体在省级教育行政部门。为配合国家政策文件，各地出台了地方性方案和实施举措，比如

① 刘颖：《开封市民办非学历教育机构的管理问题及对策研究》，《开封文化艺术职业学院学报》2021 年第 9 期。

北京出台了《北京市“十三五”时期教育改革和发展规划（2016—2020 年）》《北京市学习型城市建设行动计划（2016—2020 年）》等系列文件，提出“立足北京‘四个中心’的城市功能和京津冀协同发展战略，贴近百姓需求和城市发展，创新高校非学历教育办学体制与运行机制，满足首都市民多样性、个性化、多层次、高质量的终生学习需求，促进人的全面发展；加快首都终身教育与终生学习服务体系构建，为建设先进的学习型城市、国际一流和谐宜居之都提供重要支撑”的指导思想。① 北京市属高校进一步关注和重视非学历教育，比如北京开放大学依靠非学历教育发展，更好地实现了战略转型。但也应该看到，非学历教育作为高校的边缘业务长期得不到重视，无论是在资源使用还是在人员分配上，都不能与学历教育相提并论，这种局面至今没有得到根本改变。同时，高校错误的非学历教育发展导向给监管部门带来了治理难题。比如对虚假宣传的打击和监管缺乏长期性与持续性。培训机构将主要精力放在争抢生源方面，把稳定的生源看作市场竞争力，而不是通过有吸引力的课程和培养质量获得竞争优势。甚至为了争抢生源，不惜虚假宣传，夸大办学效应，虚构办学条件，向学员承诺不切实际甚至违规的办学效果，最典型的是把非学历教育简单与学历学位挂钩来误导学员。还有，对培训机构缺乏过程监管，培训机构作为市场主体自负盈亏，经费主要来自学生的学费，然后雇用教师进行授课，在办学中极易出现违规操作行为，最典型的是教学质量得不到保证，发生纠纷得不到及时有效的处理。与学历教育相比，非学历教育监管资源较弱，相关制度还有待完善，常态化监管能力还需加强。②

① 于舒洋、张清利：《开放大学非学历教育发展研究——基于北京开放大学的实践探索》，《北京宣武红旗业余大学学报》2020 年第 Z1 期。

② 刘颖：《开封市民办非学历教育机构的管理问题及对策研究》，《开封文化艺术职业学院学报》2021 年第 9 期。

（四）高校归口管理评价

许多高校对教育模式、办学主体、课程体系缺乏统一规划和质量监管，造成办学资源分散、效率低下，各单位各自为政、争抢生源，甚至出现一些负面问题，给学校声誉带来不利影响。在人事制度和教学考核体系设计中几乎没有纳入非学历教育内容。高校非学历教育办学职能落实有限，部分学校背离人才培养初衷，过多强调盈利，甚至将国家单独赋予高校的办学职能让渡给社会机构，办学名不副实，损害学校声誉。非学历教育没有受到应有的重视，尤其是教学资源获取，师资培育，人员待遇处于劣势，比如工作人员边缘化，在职称评定、职务升迁上处于不利地位，激励不足。对非学历教育的运行规律、工作业务特点等把握不准确，缺少行之有效的监督、管理和配套服务措施，工作保障支持力度和管理服务效率仍有待提高。校内办学机构之间，校内外机构之间课程同质化严重，办学缺乏差异化和特色化。评价机制和体系不健全，与学历教育相比，非学历教育还存在大量评价盲区。教学过程和学员考核缺乏统一标准。学校和社会，老师和学员之间互动交流不够。

（五）办学管理评价

办学部门自有师资少，来自外部的师资非长期性，短期契约关系明显，办学部门难以有效管理教学人员，不易监督和评价培训教师授课质量。注重盈利，曾经一段时间内，大多数高校的继续教育学院没有出台明确的制度来保障非学历教育规范开展。原国家教育委员会颁布的《普通高等学校举办非学历教育管理暂行规定》并未有效落实，在招生、收费和教学等方面存在许多漏洞。有些高校在利益驱逐下打着服务社会的幌子任意开展盈利性培训，损害了高校名誉，辜负了社会对高校的信任，严重阻碍了非学历教育的发展。

二　中国高校非学历教育体制机制评价

（一）规制评价

相关规制对我国高校非学历教育规范性发展起到了一定作用，但目前《教育法》《高等教育法》《职业教育法》等政策法规文件中有关高校非学历教育的规定还较为简单和粗浅，缺少明确具体的界定和指引，尤其是没有具体说明相关体制机制、定位以及保障措施，应当进一步细化有关条文。新的《管理规定》尚在试行阶段，一些根本性问题并没有解决，坚持高校办学主体地位与投入不足、教学内容面向现实应用主战场与关门办学、生源社会化与管理内化等矛盾仍然存在。某些规定还存在一定的与现实脱节之处，比如在招生环节要求与社会部门严格切割，但大多数高校非学历教育缺乏宣传和招生投入，短期内难以自行承担宣传和招生任务。

（二）市场机制评价

当前高校非学历教育办学还主要停留于体制内办学思维，市场开拓少，激励不足，人员身份为固定编制，持“干多干少一个样”想法的人员仍有不少，某些人既没有市场能力，又不愿意涉足市场，冒市场风险。高校非学历沿用和学历教育一样的管理体制，有相应的归口管理部门，统筹各部门继续教育相关权利，办学单位只是业务部门，自主权小。由于条条框框多，办学单位即使想闯市场，也面临多重阻力。此外，非学历教育市场发育尚不够成熟，市场主体自律水平低，存在诸多不规范的市场操作行为。同时市场监管机制不健全，监管水平有待提高，治理机制有待完善。总之，一方面政府赋予高校及高校赋予办学单位的市场自由度低，市场化主体能动性、可行程度低；另一方面市场还有待培育、规范，还存在诸多损害受培训者利益、秩序混乱的情况，并可能由此招致社会不稳定。

专栏：高校非学历教育市场竞争意识薄弱，管理激励机制不畅。伴随着民众对非学历教育需求的陡增，许多社会培训机构迅速兴起，大幅占领市场，职业院校也开始面向行业、企业开展职工继续教育，企业大学对非学历教育的介入也越来越深，高校在非学历教育领域面临着更加严峻的挑战。但囿于体制内的惯性做法与思维，高校对非学历教育市场需求和规律的认识不足，导致非学历项目的课程资源实用性、实效性差，培训项目的开发、推广、运行、管理与市场需求脱节。相关办学单位非学历教育经验不足，对开展非学历教育墨守成规，缺少主动开拓非学历教育市场的积极性。以市场需求为主、工作业绩为导向评价的非学历教育激励机制尚未形成。学校绩效管理制度与非学历教育市场化需求不匹配，未能充分体现“多劳多得，优劳优酬”，难以充分调动非学历教育人员的工作积极性。

（三）管理体制评价

以往，我国高校非学历教育管理体制一般有三种类型。一是单纯管理型，由高校的已有处室负责管理工作，二级学院担任具体的教学工作；二是混合运作型，一般由高校的继续教育学院负责非学历教育的管理和教学任务；三是独立运作型，一般由某二级学院直接负责非学历教育的招生、管理和教学工作。① 随着2022年新文件《管理规定》的出台，高校非学历教育开始实行管办分离，由学校行政口的归口管理部门负责管理，办学部门负责具体运营，传统的继续教育学院职能向具体办学转化，职能上更倾向于招生和宣传。新的管理体制无疑有助于部门理顺关系、规范管理。但把传统上的办学权收归行政部门，不利于效率提

① 贾永堂、孔维申：《省级政府高等教育统筹权：渊源、内涵、困境及对策》，《高等教育研究》2017年第11期。

升和市场激励。同时新成立的行政部门人员不一定熟悉非学历教育业务，从而行政归口管理部门和办学业务部门之间的上下级关系还有一个调整、磨合、相互适应的过程。

（四）运行机制评价

畅通运行机制是加快高等非学历教育发展的关键之举。发展高等非学历教育，要在充分考虑高校继续教育组织内外影响因素的基础上畅通运行机制。当前我国高校非学历教育要么按照公办事业严格统一管理，运行体制僵化，办学不活跃，只能完成简单的或者具有传统优势的培训项目；要么完全按照市场机制运行，从而产生运营失范、操作违规问题，轻则引发投诉，重则影响社会稳定，损害高校声誉。还有一些介于二者之间，在招生、教学等环节引进社会机构，一定程度上提高了效率，但还有许多协作环节需要进一步规范，不同所有制、不同市场主体之间如何责权利划分、工作对接还有待进一步探索。但可以肯定，完全控制的严格统一管理只会带来办学僵化，而完全放开的市场自生自灭也不利于办学资源积累、公平竞争及产业健康发展。

（五）激励机制评价

以经济效益为主、不注重社会效益成为制约非学历教育发展的重要因素。特别是在激励机制上，无法制订有效的奖励机制，对专门从事非学历教育的教师不能实施有效的激励手段，以至于影响了广大非学历教育工作人员的积极性。

（六）保障机制评价

高校非学历教育需要长效保障机制，即非学历教育的评估、考核体系。学校需要健全完善相关保障机制，检查督管日常教学情况，不断考核办学效率，改善办学环境，实行优胜劣汰，即优先奖励思想先进、技能先进、服务先进的集体和个人，实时淘汰专业水平低下、服务不到位的组织机构，真正将非学历教育水平提升到更高档次，进而打造高校非学历教育的品牌特色，促使非学历教育事业，乃至整个高等教育事业健康、高效发展。[①]

三 中国高校非学历教育发展程度评价

（一）发展充分性评价

近年来，普通高校的非学历教育与时俱进，根据人才市场需求，不断开发培训项目，加快更新培训内容，努力满足不同群体、不同领域、不同层次学习者的需求，发挥了高校服务社会发展的基本职能。但是，由于传统的学历教育观念根深蒂固，高校非学历教育在蓬勃发展的同时也存在着较多问题亟待解决。[②] 同全日制教育和学历继续教育相比，高校非学历教育的发展还处于探索阶段，开展效果总体一般，甚至有的高校非学历教育社会口碑不佳。

（二）规模现状评价

从办学规模来看，教育部公布的非学历教育数据（教育部 2017 年教育统计数据）显示，2016 年高等教育非学历教育结业生数 980 万人，同年高等教育全日制学历教育毕业生数 793 万人。高校非学历教育结业人数已超过全日制研究生和普通本专科毕业人数的总和，是我国高等教育办学中规模最大的组成部分。在调研中发现，基本上所有高校均开设非学历教育项目，北京大学、清华大学、中国人民大学等多所高校非学历教育办学年收入过亿元。

（三）内容现状评价

高校非学历教育具体办学内容包括组织管理和综合素质的通识培训、专业技术和职业技能的知识更新、从业资格与能力水平的考前培

---

① 王志宏：《新形势下普通高校开展非学历教育的现状及对策研究》，《教育观察》2020 年第 1 期。

② 康书豪、李峰巅：《“互联网 +” 下普通高校非学历教育发展探析》，《中国成人教育》2018 年第 4 期。

训。文献资料和调研材料均表明，政府和企业人员参与的管理培训项目和专业技术知识更新课程占据高校非学历教育的主导地位，课程研修班和证书培训课程发展很快，但整体体量较小。

（四）中外差距评价

中国高校非学历教育和发达国家相比还存在较大差距。一是市场化发展差距。国内高校非学历教育理论研究和实践探讨仍主要局限在体制内学历教育范畴，以澳大利亚等为代表的西方高校非学历教育早已走向市场。二是规模差距。国外高校非学历教育学员规模大，我国还很小。以远程教育为例，我国学历教育仍占主导地位，仅有少数高校开展了远程非学历教育，非学历教育学生注册人数仅占国内所有远程教育学生总数的5%，而国外发达国家非学历教育相应比例为75%。[①]

（五）阶段性评价

在建设学习型社会的大背景下，以全民创新、全民学习为主要思想的非学历课程越来越受到社会大众的欢迎。非学历教育课程通常可以分为生活技能教育和职业技能教育两类，其中，职业技能教育是现阶段我国非学历教育的主要组成部分，大多数非学历教育机构都是围绕职业技能培训设计课程。限于认识和经验的不足，鲜有非学历教育机构开设生活技能教育方面的课程。在非学历教育发达的国家或地区，生活技能教育被视为提高社会整体发展水平的重要手段，成为非学历教育课程的重要组成部分。

（六）多样性评价

中国响应多样化需求的各种非学历教育形式进入了高速发展时期，早在2014年，全国职业技术培训机构就达到10.51万所，接受各种非学历高等教育的学生达736.66万人次，接受各种非学历中等教育的学生

---

① 赵秀荣、王玉玲：《内蒙古远程非学历教育发展环境SWOT分析》，《内蒙古电大学刊》2017年第1期。

达4613.67万人次，有一些社会非学历教育机构如新东方、环球雅思等，不仅在自己的细分市场上巩固自己的地位，而且开始向着多元化方向发展。可以说非学历教育市场不论从总量还是质量，[①] 从一般市场到细分市场都进入了一个全新的发展阶段。但多样性发展现状与发展需求目标还存在差距，主要体现在新兴市场、前沿领域的细分培训方面，高校非学历教育尤其突出。当前许多高校非学历教育培训课程价格昂贵，但市场需求仍然旺盛；市场更多开发了社会高端群体，更广泛的社会需求需要通过降低成本，开发多样化项目进行满足。

四　中国高校非学历教育发展环境评价

（一）地位评价

近年来，非学历教育在我国高校中的地位不仅没有提高，而且还有被不断边缘化的趋势，难以融入工作主流。最典型的是很少有高校将继续教育纳入学校发展战略，对于能够拿到国家项目、有利于学校排名的科研和学历教育更加重视。[②] 非学历教育依附学历教育，办学难免受到其影响，无论是课程设置，还是教学模式，高校非学历教育都缺乏独立性。总体而言，非学历教育仍遭遇冷门待遇，在高校发展中处于弱势地位。

（二）受支持度评价

高校领导往往把非学历教育当成“副业”，在教学资源、教学师资和教学管理方面仅进行“简单”配备，甚至将学历教育淘汰出的资源转给非学历部门使用，很少给予新的支持。同时并没有像对待学历教育一样真正落实所需资源，导致非学历教育更多停留在“口头”上和“理念”上。

---

① 黄鹏、刘艳：《澳门非学历教育课程设计对内地高职院校的启发》，《高等职业教育（天津职业大学学报）》2016年第6期。

② 叶晓汀、王斌：《基于“三元主体”的高校非学历教育办学新模式研究》，《当代继续教育》2021年第1期。

（三）社会动机评价

当前社会上不少人追名逐利，物质欲望过重，求知欲望不足，甚至连对待知识也变得越来越浮躁和功利，更有人打着求知的幌子追求现实功利。用人单位唯学历评判一个人能力大小的导向仍然没有实质性改变，导致社会形成一种错误认识，即学历是判断一个人能否成功的必要条件，学历高意味着能找到更好的工作，有更多的发展机会，提职升迁更快；没有学历，哪怕在高校镀镀金，混个非学历教育证书也比没有强。因此，唯学历文凭、证书论的社会风气也让高校非学历教育学习变了样，功利主义让注重内涵发展的高校非学历教育发展受阻。

（四）社会需求评价

社会对高校非学历教育的需求日益迫切。一是经济社会发展对人才的需求。随着可供劳动力规模越来越有限，且资金和环境成本不断上升，劳动者素质的提高将为创造新的人口红利创造条件，高校非学历教育需求市场具有很大的潜力。二是社会人口结构改变带来的需求机遇。人口变动带来的压力和动力并存。我国计划生育政策的实施对新生代出生率的影响很大，自然人口出生率逐年下降，近些年各类院校招生数量已经呈现出下降趋势，这给高校带来了一定的压力。而为了满足终生学习的需要，面向成人的非学历教育将越来越显示出巨大的市场需求，[①]从而给高校带来了非学历教育发展机遇。

（五）社会认可度评价

社会对现有高校非学历教育的认可度还不高。《国家中长期人才发展规划纲要（2010—2020 年）》等多项教育政策文件提出要大力发展非学历教育，构建时时、人人、处处均可学习的终身教育体系。但当前社会对高校非学历教育认知不足，普遍重视学历获取，对通过非学历教育

① 林喆：《职业教育视域下国家资历框架的意义与实施》，《电大理工》2022 年第 3 期。

实现能力提升不够重视。还有人认为只有获得教育部承认的、有据可查的毕业证书的教育才是高校教育，才能对求职和职位晋升有所助益。

（六）社会生源评价

生源是高校非学历教育发展过程中重要的社会环境资源。许多高校对非学历教育招生缺乏筛选，对愿意交学费者来者不拒，对一些培训认知高度不够、目的不纯洁者没能有效排除。由于许多高校委托社会机构招生，一些盈利性公司只顾牟取前期招生分成，不顾后期学习效果。不仅不能筛选淘汰不合格生源，还以暗示学历学位等方式，诱导参训人员追求不合理甚至无法达到的功利性目标。生源质量差、缺乏筛选直接导致培训成效不佳。据调研，大多数参训人员参与非学历教育是为了符合单位职称晋升规定、岗位聘任要求，或者出于在培训期间结交行业专家、社会精英、上层人士等社交动机，真正为了提高理论知识、提升实践能力的参训人员少之又少。由动机不纯而导致参训人员对非学历教育培训目的认识不清，[①] 态度不端正，不遵守纪律，时间上拖拉迟到，学习上敷衍，导致培训成效有限，也浪费了国家和社会的宝贵资源。

五　中国高校非学历教育战略和文化评价

（一）办学思想评价

对于直接影响着非学历教育工作顺利开展的办学思想，许多高校还缺乏把握，没有从思想源头上审视非学历教育发展。一些高校的非学历教育工作之所以没有理顺，根本原因就在于办学思想不统一，包括领导层内部意见不统一、具体部门工作人员看法不一。思想上重视、思想上正确选择、思想上统一成为高校非学历教育有效开展需要首先解决的问题，在办学过程中也需要常态性校准这一思想标准。

---

① 王丹、贡福海：《泛在学习视角下的高校成人非学历教育创新模式探究》，《成人教育》2017 年第 1 期。

（二）发展导向评价

高校非学历教育作为近年快速发展的高等教育形式，仍有进一步发展的潜力。目前该领域办学规模大，形式多样，多方参与，各方诉求复杂，发展尚不成熟，需要形成明确的办学导向。比如许多高校不会根据学校发展水平和层次定位对非学历教育办学项目进行筛选，是否盈利成为重要的办学考量标准。另外，高校盲目跟风培训、过分追求短期经济效益等问题突出。高校非学历教育之所以偏离正确导向，其根源在于发展导向不明，办学思想混乱。

（三）理念评价

开展非学历教育应有为经济社会发展服务的理念，但不少高校代之以创收理念。多数教职员工深受学历教育思想影响，偏重学术，淡化了非学历教育的职业技能和综合素质提升的终生学习的教育理念。很多非学历教育形式上是职业技能提升的教育，但教学内容和实际需求脱节。

（四）定位评价

当前不少高校非学历教育发展定位模糊，内涵不清晰。在市场经济下，高校继续教育机构都开展了非学历继续教育培训项目，但由于地方和社会服务意识淡薄，加之缺乏深入的市场调查，尚未开展系统科学研究，更缺乏相关政策和指导意见，有些机构在转型发展过程中，对非学历教育定位不清或者缺乏正确定位，进而导致非学历教育在高等教育中位置尴尬，仅仅被视为学历教育的一种补充，被置于可有可无的从属地位。从培训项目的品牌度、课程内容配置、创新水平和收益能力来看，高校之间差异悬殊。①

（五）公益性评价

非学历教育是为提高社会人员的全面素质而开展的教育，本质上是

① 阙明坤、王云儿：《我国建设高水平民办高校的动因、瓶颈及对策》，《现代教育管理》2022年第2期。

一种非功利的公益性行为。正因为非功利性，其投入的正外部性要求强；也正因为其公益性，所以才需要社会投入，非高校一家所能承担。实际上，非学历教育举办成效与政策公共支持紧密相关，若当地政府给予非学历教育的政策倾斜和经费支持不足，那么就很难推动非学历教育发展。当前，从政府到高校对非学历教育公益性践行不够，典型表现如投入不够，甚至不投入。不关心其成长，甚至任其自生自灭，非学历教育的公益性远远没有体现出来。发挥公益性需要多管齐下。当前社会上各类高校非学历教育培训鱼龙混杂、竞争激烈，产品低层次重复，如果不成规模，缺乏特色，不具备核心竞争力，高校非学历教育就难以成为高等继续教育的主流。换言之，如果不能在发展中体现公益性，高校非学历教育就难以蓬勃发展。

（六）态度评价

许多高校虽然已经从理论上逐步认识到非学历教育的重要性，但轻视非学历教育的现实态度却一直没有变化。因为现实的功利，而导致知行不一。一些高校片面地认为，学历教育才是主要任务，加上目前的全日制学历教育市场需求仍然旺盛，许多高校不思进取，对非学历培训普遍抱着“顺其自然、漠视发展”的态度，在教学资源、资金、场地等方面勉强应付。①

（七）文化建设评价

当前，某些高校内部存在着学历教育文化和非学历教育文化的冲突，不仅体现在课程设置、教学上，还体现在日常生活和作息中。学历教育老师抱怨非学历教育学员把社会上的一些不良风气带入学校，如抽烟喝酒，大声喧哗，散漫随意，不守纪律。而非学历教育学员则抱怨学校僵化的学历教育文化妨碍了他们的社会生活和日常沟通。大多数学员有家庭、有工作，甚至工作、居住和学校不在同一个城市，以致迟到、

① 邱秀芳：《国外高等学校教师聘用制度探析》，《黑龙江高教研究》2020 年第 11 期。

旷课，有时很晚了才来学校，汽车鸣笛影响了校园秩序。有的学校甚至还产生了学历教育和非学历教育学员对立的情绪，很多非学历教育学员正规教育层次不高，被学历教育学生认为是来校镀金的，因而对之有不屑的看法。而不少非学历学员事业已经小有所成，把工作场所的霸道作风也带到了校园。①

六　中国高校非学历教育办学主体和人力资源评价

（一）普高培训机构评价

普通高校非学历教育办学主体主要是校内的继续教育学院或培训学院，部分高校还将办学权下放到院系。但出于对经济利益的追求，校内的教学单位、科研单位、行政部门甚至后勤企业都会争相承揽非学历教育项目。还有的高校为追求短期利益，脱离主业，无序竞争。在调研中，大多数高校对于非学历教育组织工作缺乏顶层设计和长远规划，没有将培训机构建设纳入高校整体发展战略，或虽然纳入却尚未取得实际成效。

（二）社会机构评价

与高校有业务关联的社会非学历教育培训机构出于对利润的追求，大多集中在利润空间较大的以语言、课程班、研修班等为主的文科类培训上，对一些半公益性质的非学历培训明显缺乏参与兴趣，这也导致了部分半公益非学历教育市场的空白和供给不足。而且社会培训机构准入门槛较低，办学水平参差不齐。民办非学历培训机构，尤其是小规模培训机构培训教师流动性大，教学质量难以保障，同时也缺乏实训设备和相关社会资源。② 总体来看，高等非学历教育社会机构中除少数行业类

---

① 叶晓汀、王斌：《基于“三元主体”的高校非学历教育办学新模式研究》，《当代继续教育》2021 年第 1 期。

② 黄鹏、刘艳：《澳门非学历教育课程设计对内地高职院校的启发》，《高等职业教育（天津职业大学学报）》2016 年第 6 期。

大公司，其他众多小公司较为缺乏具有前瞻性的未来管理人才，主要原因不是缺乏人才激励，而是规模小、发展机会有限，吸引不了优秀人才。未来发展规划不够，其中原因主要是政策环境不稳定。办学层次低，经营视野主要集中于眼前营收。面对越来越大的需求，在市场激励下，社会机构愿意为提高办学质量作出努力，但资源能力有限。培训计划缺乏系统性，主要精力放在仅能够产生短期经济效益的培训项目上。培训内容的适应性强，能够较为紧密地结合市场需求，但普遍缺乏高水平的专业师资。运营较为有效，工作人员市场激励程度高；能够根据市场需要，随时调整组织结构和工作流程。服务国家战略的有效性较差，一方面是由于资质不够，难以获得政府委托项目；另一方面是缺乏相应的师资和教育资源。服务经济社会发展一线的实用性较强，非学历高等教育社会机构与经济社会发展部门紧密结合，彼此之间合作机制灵活，协调对接效率高。

（三）高职培训机构评价

高校公办非学历教育机构有着自己独特的优势，尤其是高职院校下属的非学历教育机构，既有稳定可靠的师资队伍，又有足够的实训设备和相关的社会资源，不仅能够开展外语培训这样的文科类培训，还可以开展数控机床这样的实用性极强的培训。但公办非学历教育机构也存在诸多不足，如缺乏有效的市场参与。公办非学历教育培训机构课程基本以职业培训为主，虽然能为当地的经济发展提供优质的劳动力资源，但对于社会多样化和个性化的需求却表现出明显的市场失位。[①] 总体来看，高职院校非学历教育中具有前瞻性的未来管理人才较为缺乏，主要原因不是缺少人才基础，而是有这方面潜力的人才较少投入非学历教育。未来发展战略缺乏，主要是因为学校不够重视，学校并没有将非学历教育

① 黄鹏、刘艳：《澳门非学历教育课程设计对内地高职院校的启发》，《高等职业教育(天津职业大学学报)》2016年第6期。

纳入工作主流，只是将其作为副业看待，甚至被认为可有可无。更多利用已有的学历教育资源，为非学历教育办学质量提高做出的努力少，很多高职院校竭尽已有资源办学，办学内容越来越陈旧。大多数职院校缺乏系统的培训计划，碎片化办学严重，主要跟风市场，集中于少数几个项目，甚至各办学部门互相争抢资源、重复办学。培训内容的适应性不够，由已有的学历教育内容决定非学历教育培训内容，实践类、适用性课程或项目供给少。运营缺乏效率，体制内工作人员开拓市场的积极性不高，守成思想严重；每项工作均需按照程序办理，灵活性差。在服务国家战略方面做得相对较好，尤其能够配合重大方针政策，推出形势教育、在岗人员培训等项目。服务经济发展一线的实用性较差，重要原因是开放性办学不够，对产业进步、社会发展缺乏持续跟踪，对外部形势变化不敏感。

（四）师资评价

高校尽管师资力量雄厚，但以学历教育师资为主，现有高校教师不能完全胜任非学历教育教学工作。高水平学历教师往往侧重于科研工作，主要关注理论，且科研任务重，对于不纳入考核指标的非学历教育教学工作不关心，也因为精力有限而难以顾及。尽管得到校外社会、产业界师资补充，但要么仅具实际操作经验，不具备理论和教学表达能力；要么难以管理，不方便考核。校外教师学校还存在选聘不严格、授课水平参差不齐的问题。此外，学校还存在学历师资和非学历师资冲突，从事非学历教育的师资不安心于本职工作，过多把精力放在写论文、发论文上，影响非学历教研和教学。

（五）人员适应性评价

高校非学历教育工作人员习惯了学历教育模式，在认识、态度、能力、素养上还不太适应非学历教育要求。除了市场适应性差，还包括工作适应性差。比如非学历教育受教育对象多是在职人员，需要利用晚间、周末以及节假日的时间来学习，而体制内项目工作人员一般“朝九晚五”，八小时工作制，难以适应在职学员学习需要。

（六）人员保障性评价

高校非学历教育工作人员除了主观适应性不强，还存在着客观上的学校配套保障不够问题。比如高校非学历教育教职员工工作时间调整以及加班、补休等保障措施不到位，导致相关人员难以履行、胜任非学历教育工作。

（七）人员内部激励评价

体制内的激励主要体现在奖金、职务晋升、职称评聘等方面，但非学历教育工作人员奖金难以和高校其他人员拉开差距，职务上升渠道窄，尤其是现行唯论文等学术成果的评价机制不利于其评职称，所以非学历教育人员激励性普遍不足。现实中很多高校的优秀人才都不想从事非学历教育，包括教学和教务。非学历教学活动对教师教学、科研考核和职务晋升的影响都很小，甚至从事非学历教育的工作人员被边缘化，心理悲观，工作积极性不高。

（八）人员市场激励评价

非学历教育是一项事业，同时也是一项市场业务，但当前高校对非学历教育工作人员的市场激励却远远不够。比如绩效考核缺乏市场和社会化评价内容，体制内的薪酬难以像市场那样拉开差距，导致非学历教育部门人员市场激励不足。

（九）管理队伍评价

非学历教育是一项系统工程，离不开高效的组织和组织从事配备。但当前高校对非学历教育管理缺乏长远规划，人员选派临时性强，人员工作稳定性差，业务内容内涵性不够，不利于形成一支素质较高，具有专业管理能力和凝聚力的团队。队伍不强导致管理松弛，尤其是培训班遇到突发情况时，容易因缺少具有专业管理素质的干部而无法有效应对。

（十）人才队伍评价

高校非学历教育人才队伍建设滞后。一是缺乏合理的非学历教育师资长期规划，用人机制尚不健全。比如对非学历教师发展规模、培养选聘、考核评定等缺少专门规划，套用学历教育的标准和制度。特别是对从事非学历教育培训人员的授课质量、授课时数、教学成果和科研成果等既没有认定的渠道，也缺少认定的标准和制度，影响非学历教育的可持续发展。二是非学历教育专职教师少，缺少专门从事非学历培训项目的高素质师资团队。此外，目前从事非学历教育的教师多是学历教育出身，在学历教育上经验丰富，对非学历教育市场发展现状、行业情况、项目开发、运营管理等了解不够，缺少市场意识，对产业经营和管理缺乏了解。非学历教育对专业业务能力和市场开拓创新能力要求较高，现有的人才队伍难以满足需要。

（十一）外聘教师评价

非学历教育机构师资主要来自专职教师和外聘教师，外聘教师作为专职教师的有益补充，在教学过程中发挥着不可替代的作用。但外聘教师人员流动性较大，教学责任意识较弱，管理过程中存在的问题包括聘任程序不规范、管理有效性不够等。

七　中国高校非学历教育财务和后勤评价

（一）重视度评价

虽然非学历教育在大多数高校开展，改革开放以来逐渐得到广大师生承认，但是许多高校对其重视程度却远远不够。很多高校管理者受传统教育思维影响，认为高校任务主要是学历教育，非学历教育仅仅是“副业”，甚至担心非学历教育会占用更多学校教学资源，进而影响正常教学发展。因此，非学历教育在很多高校仅仅是次要工作，只能获得象征性的支持，尤其在师资力量配备和学校资源上，都无法得到足额分配。[①] 甚至不少高校对非学历教育所谓的重视只是停留在文件和口头上，并没有真正落到实处。

（二）设施评价

非学历教育有其独特规律，因此要求的设施条件也不一致。当前我国普通高校的教学场所、教学设备设施等通常都是为学历教育设置的，不一定能满足非学历教育需要。比如教室中固定的讲台和不可移动的桌椅，不能适应非学历教育研讨式、参与式等教学方式的使用需求。甚至桌椅尺寸偏小，间隔距离近，不适合成年人使用。除此之外，还缺乏专门、独立的设施。开设非学历教育要借用学历教育的设施，但只有在满足学历教育需求之外，非学历教育才能获得设施。即使有独立设施，也是学校学历教育淘汰、弃之不用的设施。实践中常见高校扩张新建后留下的老楼被用作非学历教育场所。只有部分学校在按照新标准建设，但相关教学场地与设施还需一定时期的改造和完善。

（三）财务评价

当前国家对非学历教育投入严重不足，只有较少专项经费，在学历教育之外难以承担非学历教育支出。非学历教育不但不能获得财政支持，甚至教育营收还被挪作他用，如补贴学历教育。非学历教育缺少积累，资源被不断消耗，可持续发展条件差。非学历教育需要依靠社会办学，教学产研共建，但合作与共建机制不健全，社会投资渠道不畅，激励有限，政策稳定性不足，还没有形成社会积极投入的机制，财务筹资和分配还有许多政策界限需要突破。

（四）教育资源评价

高校虽然拥有丰富的教育资源，但这些资源主要配备给了学历教育，

① 刘光成、徐峰：《论大学生职业技术能力质量保障体系的建构》，《湖南师范大学教育科学学报》2009 年第 3 期。

归学历教育部门所有，非学历教育很多情形下不能直接使用学校教学资源，只能从第三方获得。同时，只有在学历教育资源闲置或者空余情况下，非学历教育才能使用资源，甚至还需要为此付费。教育硬件缺失，非学历教育所需的教学场地和教学设备等资源也常常需要与其他部门协调解决。高校教学资源总体上是丰富的，但对于非学历教育而言，教学资源却很稀缺，这是教学资源整合、分配不均造成的失衡局面，与非学历教育在高校发展中处于弱势地位，在教学资源分配中不能获得平等待遇紧密相关。①

（五）常态化保障评价

当前高校非学历教育保障机制不够健全，在领导方面，许多高校领导重视不够，非学历教育部门的地位等同于后勤部门或者校办公室，甚至有的学校只管创收，不顾质量，疏于规范管理。在人员组织、资源调配、经费投入方面，非学历教育部门得不到充分保障，甚至必要保障都难以维持。

八　中国高校非学历教育信息化和创新评价

（一）信息统计评价

当前在数据报送方面，我国对于高校非学历教育相关的数据报送制度还很不完善，统计数据匮乏。统计部门对非学历教育数据指标设置仍然偏少，统计口径窄。总体而言，我国高校非学历教育数据统计的信息化工作滞后。

（二）信息系统评价

我国高校非学历教育教学信息系统得到了一定程度的开发，主要是出于数字化教育和远程教学的需要。许多高校建立了信息化平台，但还存在着诸多不足，如平台交互性有待加强，许多平台只能做到“师生、

① 李丹：《我国高校非学历教育发展探究》，《产业与科技论坛》2021 年第 19 期。

生生”之间简单的文字互动，视频交互尚未实现；个性化学习定制推送功能不足，不能适应学员背景差异大而带来的差异化学习需求。此外，既有教学经验，又有网络技术能力的“智慧型”师资不足。在疫情条件下，许多高校试行以现代信息技术为支撑的线上非学历教育，但如何将线上教学与实践教学、技能培训、学员互动等结合起来，还缺乏解决方案。在当前的信息化技术可能条件下，通过引进3D、动画、现场模拟、人工智能等，能够在一定程度上解决线上教育存在的问题，但相关的创新还有待跟进。

（三）信息基础设施评价

非学历教育是一种灵活教育形式，学员不集中，学时不固定，时间安排变动大，需要依靠一定的信息手段来弥补。但当前，我国信息技术发展水平和信息技术应用于高校非学历教育的程度十分有限，高校非学历教育信息基础设施还存在短板。比如远程教育技术的普及还不够，这一现象在一些偏远省份、地区还比较普遍。如内蒙古一些欠发达地区，计算机的普及率还比较低，网络受众面不广，人们对线上教育的学习方式还有一个长期的适应过程。总体而言，在远程非学历教育领域，我国移动学习方式虽然开始普及，但是信息基础设施落后一定程度上制约了远程非学历教育的发展。

（四）线上线下协调评价

新冠疫情让高校非学历教育线上办学得到了发展，在提供可替代方案，保证广大求学人员不因为疫情而中断学习的同时，线上办学质量问题也引起了社会的关注。线上办学当前还无法完全替代线下办学，需要通过线上和线下协调来弥补单纯线上教学的不足，但我国高校对此还缺乏探索和应对。甚至有的高校简单地以线上教学替代线下教学，即使是在疫情缓和期间也不愿意提供线下教学。

（五）创新反哺评价

当前非学历教育对高校的创新反哺作用远没有发挥出来，一方面是因为高水平、研究型学者对非学历教育涉足有限，另一方面与高校科研设施向非学历学员开放有限有关，还与非学历教育、学历教育缺乏有效对接有关。更深层次的，高校非学历教育办学理念有误，很多高校仅把学员看作创收来源，没有将其纳入创新体系建设之中，更没有将他们视作创新来源。

（六）科研支撑评价

大多数高校把非学历教育看作简单培训，没能投入科研经费和力量。培训产品雷同，缺乏特色和创意。培训内容陈旧，缺乏面向实践和广大社会需求的创新。大多数老师虽能够讲课，却不能创造性地结合实际，进行理论应用的再加工，以让深奥的理论更加接近实际应用。学员仅能够获得理论知识，缺乏对理论应用于一线的深入了解。学员更多只是学到一些书面知识，却不知道如何用，也缺乏创新性培养，不能从所学到的知识中进一步创造，或者升华理论，或者发现理论的实践新应用。许多高校非学历教育管理人员缺乏创新背景和素养，简单对待非学历教育，对其应用创新性缺乏认知。当前高校领导层中，具备丰富创新经验，有较高学养，熟悉非学历教育，由非学历教育部门直接提拔而来的干部较少，因而高校从领导层面就缺乏对非学历教育科研的支撑。

（七）教研评价

我国高校非学历教育特色不够突出，难以满足成人培训市场需求。不能围绕“学用结合”，开展非学历教育培训的理论与实证研究。没有发挥自身高学历人才较多的优势，组织鼓励本校教师申请与非学历教育相关的课题和论文撰写，对非学历教育的需求、运行模式、发展理论等方面缺少研究，从而既不利于自身非学历教育发展，推动学校科学合理的非学历教育设计规划出台，也不能为国家出台科学合理的非学历教育顶层设计规划提供参考依据，推动国家非学历教育培训事业快速、健康、可持续发展。

（八）模式创新评价

我国高校非学历教育培训模式缺乏创新，主要沿用之前的学历教育培训模式，重理论、轻实践，导致非学历教育培训特色不显著，与社会需求契合度不够。培训方式和教学手段陈旧，不能有效利用现有多媒体技术准确、灵活地进行内容和形式上的创新，造成培训教学知识与实际情况在一定程度上脱节，不仅达不到培训效果，还占用和浪费了学校的宝贵资源，[①] 进而因为教学质量低下，满足不了市场需求，而影响学校声誉。

（九）师资和课程融合创新评价

我国高校尚未重视对非学历教育课程的自主研发，没有开发出适合本校特色的优质课程，非学历教育社会效益有限。重要的原因是缺乏专业团队进行协作，没有形成优质课程和优秀教师的高效融合，学校非学历教育的市场竞争力不足，高校团队建设和持续发展缺乏创新驱动。[②]

九　中国高校非学历教育项目评价

（一）项目布局评价

当前我国高校非学历教育缺乏类似学历教育那样的体系筹划，包括院校布局、专业分布、课程设置、区域协同，导致全国各地，甚至各高校内部培训项目无序竞争。比如项目设置未遵循差异化原则，同质化严重，亟须建构特色突出、竞争有序的课程体系。

（二）项目开发评价

因为缺乏强烈的服务意识和敏锐的行业眼光，缺乏市场运行经验和项目运作能力，尤其缺乏新兴市场的开拓精神和快速反应能力，很多高

① 刘秀玉：《创业者经验生成与效应研究述评》，《职业教育》（下旬刊）2022 年第 3 期。

② 周福盛、黄一帆：《社会美育力量参与学校美育：价值、困境与路径》，《中国电化教育》2022 年第 1 期。

校错失非学历教育项目培育良机。从整体上看，大约只有30%的培训项目经过认真开发，能够较好地满足受教育者的需求。[①] 大多数高校缺乏非学历教育项目开发人才，项目策划和操作能力低。

（三）教育模式评价

当前我国高校非学历教育仍然没能脱离学历教育模式，没有根据社会需求、学员结构、在职教育特点、成人交流方式、实践应用场景、终身教育趋势，构建科学的教育模式。一味照搬学历教育模式，不仅导致非学历教育的投入与产出不匹配，培训效果大打折扣，还导致社会对非学历教育信心不足，培训口碑下降。

（四）服务对象评价

当前很多高校还没有系统、全面、专门定位自己的服务对象，跟风现象严重。由于服务对象不清晰，不能根据自己的行业背景、专业优势、经济社会发展需要、地区特点等确定服务对象，所以办学思路不清晰，竞争路径不明晰，非学历教育发展缺乏可持续性。更严重的是课程产品低水平重复，陷入机构之间争抢生源的被动局面。高校非学历教育办学需要通过一定时期的摸索，精准把握自己能够服务好的目标市场，项目立项时应明晰自己的服务对象。

（五）办学渠道拓展评价

当前高校非学历教育办学渠道还较窄，尤其过分倚重市场中介机构，如招生公司。随着新文件《管理规定》下发，高校更深介入招生环节，更多拓展市场直接合作渠道势在必行。但仍有不少高校没有建立自己的招生部门，或者有招生部门但无法与社会机构竞争。缺乏有一定行业背景、市场经验，能够拓展办学渠道的主管人员，也缺乏必要的经费，无力开拓社会市场。办学渠道缺乏，市场建设乏力成为当前制约我

① 叶晓汀、王斌：《基于“三元主体”的高校非学历教育办学新模式研究》，《当代继续教育》2021年第1期。

国高校非学历教育的重大瓶颈。甚至有不少高校因为新文件出台，办学渠道一时无法突破“断阻”，而陷入非学历教育停摆的处境。

（六）异地项目评价

当前高校依靠自身资源和能力在异地实现非学历教育办学的情况还相对少见，这主要受师资外地派遣困难、异地市场熟悉度有限、跨区域协调阻碍多等因素的影响。异地办学少还体现在非学历教育跨区域合作少，这主要受到高校非学历教育发展视野有限、各地对跨区域非学历教育管理政策有差异、地方保护主义等因素的影响。

（七）区域项目评价

当前我国大多数高校非学历教育由于设施、场地、住宿生活条件等限制，办学范围更多仅限于属地。边远地区办学，基层办班少，这些地区仅少量经济条件好、工作急需，或者体制内的学员有机会参加高校非学历教育，而且这部分学员要付出高昂的差旅成本、误工成本，也不能照顾家庭。相比高校属地、中心地区学员，这些边远地区的学员需要克服更多困难，因此这些地区只有少数人能够参与高校非学历教育。我国县级地区，尤其是边远县区，非学历教育培训需求大，但优质教学资源少，中心地区高校在这些地区大有可为，也需要向更广阔的区域扩展培训。

（八）项目方案评价

当前高校非学历教育培训方案与实际需求存在脱节现象，甚至远离经济社会发展主战场。具体表现为不够重视培训方案创新，继续沿用以往的学历教育方案。对企业、社会、政府培训需求缺乏调研，对高校以外社会培训机构、企业培训部门及国外培训机构的先进经验吸取不够，培训方式落后。缺乏专门的部门和专业人员进行培训方案设计，往往简单抄袭，各高校培训方案雷同。

（九）网络项目学习效果评价

互联网越来越多地渗入高校非学历教育领域，网上非学历教育具备较好前景，但当前仍处于起步阶段，还有许多瓶颈问题有待攻克。比如网络学习缺少现场示范、师生互动少、学习气氛不浓厚，学习易受到周边环境干扰，缺少实际操作，效果还十分有限。

（十）网络项目教学效果评价

我国高校非学历教育网络教学培训方案制订还不完善，很多课程仅仅是把黑板放到电脑屏幕上，没有考虑到学习情境转换后的相关系统环境变化，对于不利于学习的环境因素如缺乏集体氛围、现场示范缺失等缺少应对手段。学生在问卷评教时，随意性大，还有的学生把学习以外的因素如社会情绪带进教师评价中，影响了评价的可信度。教师授课时不能及时掌握学习动态，教学的针对性有所减弱。由于缺少师生互动，教学过程缺乏生气，很多教师把课堂教学变成了网上的照本宣科。

（十一）项目延展性评价

非学历教育作为学历教育的延展，有着广泛的社会应用场景，市场潜力广阔，要将这一灵活的教育形式更多地运用于经济社会发展和人们的生活之中。但当前这一延展性优势发挥还十分有限，比如目前线下高校非学历教育还主要存在于大学比较集中的大城市。适应在职教育培训的项目还不够，中老年素质型培训项目还亟待开发。线上非学历教育近年虽有大发展，但教学效果还不理想，需要进一步探索完善线上非学历教育模式，提高网课质量和在线教育吸引率。延展性是非学历教育的重要优势，也给非学历教育带来了巨大的延展空间，高校不应固守传统学历教育模式，做好相关的战略规划和实施计划，借助网络技术、人工智能等现代化手段，不断拓展非学历教育的领域和范围。

（十二）项目专业化评价

多数高校主要聘请学校内部教师兼职非学历培训，尚未组建一支专门的继续教育师资队伍。由于师资队伍不固定，继续教育部门也没有专业的教务管理人员，因此在聘请教师时随意性较大，极易忽视教师的专业背景和专业特长。工作人员专业性不强，缺乏市场运作能力。近年非学历教育部门积极引进人才，整个管理团队的素质大幅度提高，但由于非学历教育的专业涵盖面较广，几乎囊括所有专业，[①] 同时需要具备实操经验，所以管理人员专业性不足仍然是当前的短板，专业素质培养还需要一个较长的过程。由人员的专业性不足可知，我国高校非学历教育的专业化发展还有一个漫长的过程。

（十三）项目个性化评价

当前我国高校非学历教育大多安排一些通用课程，很少考虑特定群体的特殊要求。由于个性化不足，课程内容雷同，市场吸引力有限，社会认可度不高，随着非学历教育需求被大幅释放，共性化培养方式越来越不具备竞争力，个性化的量身定做才是高校非学历教育发展的重要方式，但当前这一核心能力还有待培育。

（十四）项目社会适应性评价

很多高校课程资源贫乏。无论何种形式、途径、层次的非学历教育均使用相同的培训方案进行教学，教学内容、计划、方式基本一致，不仅学历教育和非学历教育课程雷同，而且非学历教育项目也大同小异。统一化、单一化的课程体系导致非学历教育社会适应性差。

（十五）项目合理性评价

合理规划项目主题、培训时间、方式是非学历教育取得成功的基础。但当前许多高校培训时间安排急促，强调速成，一般短短几天、一周或者一个月之内，全天候不间断，学习材料应接不暇，教学密集，学习强度高，学员学习压力大，对新知识难以消化。研习是一个渐进过

---

① 康书豪、李峰巅：《“互联网 +”下普通高校非学历教育发展探析》，《中国成人教育》2018 年第 4 期。

程，需要投入足够的资源、精力和时间，所以非学历教育并不适合专业化、学科性、基础性学习，应围绕特定主题，走“专精尖”路子，但现在大多数培训项目主题策划都不够精当，短平快的通识培训效果极其有限。此外，参训人员主要是通过非学历教育进行知识更新、补充、拓展和能力提高，他们已有一定学历和知识基础，不需要对专门理论重新学习，而且要契合现实工作需要，讲授知识的应用比讲授知识更重要。但当前许多培训课程对基础和专业课还是从最基础的部分讲起，不仅耽误时间，还因为时间有限难以涉及学生迫切想学、真正需要更新的知识。调研中有人士指出，因为培训主题缺乏凝练和问题针对性，短暂的教学时间无法包罗更多的内容，教师只能梗概性地讲授。很多参训人员表示，在极短时间内囫囵吞枣，对培训内容只知其表不知其意，更无法将知识转换为实际应用、工作技能。

（十六）项目特色性评价

参训人员基于自身定位、工作需求和长远职业规划等因素，迫切需要补充代表时代前沿、适应社会和工作发展的知识，或者了解新兴产业技术，拓展职业技能。但一方面，目前大部分高校特色课程资源少，品牌专业只占很少一部分；共性知识和基础知识讲授多，个性、行业性的特色知识讲授少。另一方面，特色化与优秀师资紧密相关，专业名师、大师级别的高校非学历培训教师凤毛麟角，大多数教学人员为专业行业里的默默无闻者，即使邀请其他高校的专业名师授课，也会因培训成本、时间安排冲突等原因，[①] 难以如愿。而且，当前各大高校竞争激烈，甚至趋于保守。比如有个别高校硬性规定，或者签订独家协议，要求本校名师不得外出讲学，使受训者获得名师授课的机会更少。

① 黄甜、臧伟：《市场经济环境下呼叫中心一线员工培训管理策略》，《中国市场》2019年第23期。

十　中国高校非学历教育教学评价

（一）模式评价

当前我国高校鲜有根据教育特点和社会继续教育学习人员特征，形成固定、成熟、有效的教育模式。大多数高校的非学历教育还处在探索阶段，而且探讨的更多是盈利模式，对真正提高教育质量方面关注较少。非学历教育模式与学历教育模式必有较大差异，需要科学把握，小心求证，在实践中深化养成，我国还需要经历一定的探索期。当前我国高校非学历教育存在师生间缺乏互动交流渠道，课程和师资匹配程度低，缺少办学平台的系统性开发，师生间互动交流不充分等问题，都需要通过教学模式的改进予以系统解决。

（二）课程内容评价

高校非学历教育课程内容多照搬学历教育课程，跟风社会热点，同质化现象比较严重。在调研中，各高校的办学内容“趋同化”严重，并呈现“碎片化”特征，课程之间的内在联系不足。有的高校推出的所谓非学历教育课程，其内容更多是“大杂烩”，从相关课程截取内容进行线性、简单拼凑。

（三）课程体系评价

大多数高校非学历教育课程体系主要沿用学历教育课程体系建设的思路，所开课程很多是在原学历教育课程体系基础上进行删减而成。这在一定的历史时期是适用的，但随着社会的发展，这一体系已很难满足新的社会需要。因此，需要对培训课程进行系统化重构，从培训对象、教育目标、现实情况出发，挖掘培训对象的潜在需求，建设满足新时期非学历教育需求的新课程体系。①

① 李莹：《高校非学历教育课程建设探索》，《成人教育》2021 年第 10 期。

（四）模块化评价

当前，高校非学历教育课程模块化还有待加强，模块设计能力和模块储备有限，还不能有效解决非学历教育学习对象多元化、市场变化快速、教学形式多样、学习目的更明确等带来的问题，还不能适应教学内容的时效性、针对性、应用性、职业性等需求。课程模块在学历教育和非学历教育之间还没有打通，不能实现学历教育和非学历教育的有效互补，从而高校只能有限发挥长期学历教育开发积累下的体系性、基础性教育资源优势。①

（五）日常教学评价

相比学历教育，高校非学历教育更多的是一种松散的教育形式，学员来自五湖四海，基础不一，诉求不同，而且都是成人，甚至很多是事业成功人士，很难期待他们像在校学生一样严格遵守规章。教学秩序维护是高校非学历教育的一项重要工作，当前某些学校把这一教育环节外包给了社会教学辅助公司，取得了一定的管理成效。相比高校自己的教辅人员，社会公司的工作人员更加细致、耐心，服务周到，而且更加懂得学员需求。但一些高校非学历教育也在日常教学管理中出现学员纪律松散、学习氛围不浓厚等问题。

（六）教学内容评价

目前中国高校普遍缺乏配合课程学习的非学历教育教材，课堂教学时，要么没有教材，只有老师的讲义，最多辅以 PPT；要么以学历教育教材或者应用类参考书代替，这两类书都不适合非学历教育，最多只能做参考之用。学历教育教材系统性、理论性强，学员学习需要的课时量多，有些教材甚至全日制学生都难以学完，对只能利用周末或者节假日学习的学员而言，不可能学完。如果单纯按照课本的目录顺序教学，不

① 李莹：《高校非学历教育课程建设探索》，《成人教育》2021 年第 10 期。

仅会浪费本就不多的课时，也给学生学习增加难度，学生往往无法消化。应用类参考书系统性差，可供基础学习之用的章节内容很少。由此，当前高校非学历教学内容难以依据现成大纲或者教材、参考书，在实践中往往需要配合不同培训产品设计不同的教学内容，但因此又带来另一个问题，即教学内容选取随意性大，有的老师只是随便讲授一点内容就草草收场。非学历教育内容分为基础及职业应用两个模块，其中基础模块知识范围广，很多学校因课时分配少，或者老师仅擅长理论讲授等原因，职业应用模块内容往往被大大缩略，或者讲授时被一带而过。即使讲授了职业应用模块的课程，因所教内容实践针对性不强，很多知识还是从理论到理论，因而对学生帮助不大。学生在学习过程中如果发现老师所讲内容与自己专业、职业相关性不强，就会愈加轻视理论，甚至放弃理论。在学无所成的情况下学生对学习的满意度将降低，一些学校甚至因为学生认为学无所用而爆发群体性退学事件。教育的核心是教学内容，换言之就是“教什么”的问题，当前在新冠疫情的影响下，各高校的教学和培训工作都受到影响，在无法开展正常授课期间，各种网课、直播被匆匆推出，应有的课程内容能否通过网络而充分讲授当前仍存疑问。由于缺乏稳定的平台和应有的网络教育经验，教学内容容易流于贫乏，培训效果不尽如人意。

（七）教学灵活性评价

高校非学历教育更多满足社会需求、市场需求，需要及时、快速、有针对性地响应市场，由此要求办学的灵活性。但承担非学历教育的继续教育学院等机构作为高校的内设机构，各种事务需要严格遵循学校的规章制度，课程设置、时间、人员、场地、费用等都需要按流程层层审批，固化的科层制稳定性有余、灵活性不足，难以满足社会需求，需要通过改革提高效率。

（八）教学针对性评价

面对庞大的社会需求，高校已经探索和培育了不少有针对性，适应经济社会发展特点和生活潮流的课程产品，综观非学历教育办得好的高校，从课程设计到学员服务均针对性强。但由于我国高校非学历教育教学手段模仿学历教育，教学内容往往脱胎于学历教育，对非学历教育的规律和本质特征缺乏把握，还不能完全依据非学历教育内在要求和学员特点，针对社会人才需求进行有针对性的教育产品供给。总体上重理论轻实践，重书本轻操作，重讲授轻研讨，还没有从学历教育的固有模式中走出来。许多高校课程内容陈旧，缺乏现实针对性；新兴学员群体开发不足，针对有迫切现实需求的课程供给不足；师资队伍培养也缺乏针对性，新兴产业技术的师资极度缺乏。高校作为体制内单位，对上不对下的办学导向仍然存在，更多精力用于应付上级评估，对社会和市场需求缺乏针对性回应。

十一　中国高校非学历教育质量和风险控制评价

（一）质量评价

21 世纪以来，随着需求大增长，我国高校非学历教育经历了快速成长期，但办学质量堪忧，高校往往片面追求规模和效益，无法顾及质量的提升，规模、质量、效益三者难以统一。规模的扩大和效益的提升虽然能够带来短期的发展与收益，但是质量的滞后终究无法保证长远的发展，甚至声誉受到负面影响。造成这种局面既有制度层面原因，如相关政策供给和体制机制建设相对滞后，缺乏办学标准与日常监管，也有高校办学方面的原因，如师资主要使用学历教育老师，导致教学内容理论多、实践少，甚至与实际脱节。按照学历教育模式培训学员，不能满足职业教育、技能培训的需要。更深层次的原因是高校仅把非学历教育看作营收部门，没有从基础资源，师资培育，设施、设备、条件改善，培养模式创新方面夯实发展基础，更多的是对现有教学资源进行掠夺式开发。结果是招生规模不断扩大，但培养质量却呈下滑趋势，市场的负面评价越来越多，社会认可度越来越低。

（二）稳定性评价

几十年来，我国高校非学历教育经历了几起几落，既有宏观形势、整体经济气候方面的原因，也有政策调控的原因，更与办学部门能否自律、市场是否有序紧密相关。特别是近年在宣传、招生、教育质量、教学保障等环节，高校非学历教育办学矛盾和风险凸显，行业稳定性较差。因为自律不够，所以政策干预多，硬性管理不利于行业良性自我发展。随着2020年新冠疫情的暴发和2021年《管理规定》出台，整个行业进入深度调整期。

（三）考核评价

考核是公营事业单位重要的管理手段，国家对高校、高校对非学历继续教育部门及其工作人员的管理也以考核为依据。但当前在人员考核上存在两类问题。一是在一些本应区分的事项上把非学历和学历教育工作人员等同对待，对两类机构、人员工作的性质不加区分，二者服务的人群、工作内容，甚至休假模式都有很大差别，所以适用的考核标准也应不同，比如不能拿学历教育的科研标准要求非学历教育工作人员。二是在一些本应平等对待的事项上把非学历和学历教育工作人员差别对待，带有歧视特征。比如非学历教育工作人员的实践教学成果、对外业务开拓、课程设计方案、学生培养质量没能获得应有的价值承认；在职称评定、职务升迁、工作绩效计算方面，非学历教育工作人员相对处于劣势。

（四）大学评估的再评价

教育行政部门主导的教学评估有利于推动高校发展，但评估对象主要是学历教育，缺乏针对非学历教育的专门评估，从而不利于非学历教育发展。比如当前高职院校的评估指标大体包括教师数、高级职称比例、生均占地面积、生均宿舍面积、百名学生配备多媒体教室座位、教学科研比例、生均图书量、生均教学科研仪器设备值、生均教学行政用房、生师比、教师高学历比例、招生专业等。对于学历教育和非学历教育，这些评价指标有些是共性的，有很多却不尽一致。比如许多综合性高职院校甚至工科类院校中所开设的旅游类专业，其评价指标全部掩盖在该院校整个高职的评价指标之中，难以对旅游专业和非学历教育进行独立的指标评价，① 评价不当导致专业发展受损，相关非学历教育得不到足够重视。

（五）人员合格评价

当前，许多高校非学历教育参训人员成绩是否合格的评价过于简单，仅仅综合培训教学时间、出勤率等简单指标，在培训后以问卷调查形式进行评价。只要参训人员在每次培训教学时间按时签到，培训后调查问卷及时上交，即可在培训后拿到非学历教育培训证书，这种结果性、流于形式的评价方法，无法考核参训人员的实际培训学习效果。②教师合格评价也存在同样的问题，目前高校对非学历教育培训教师的评价主要依赖学生评价，即在培训完成后发放调研问卷，由参训人员评价老师。学生往往依据自身培训喜好和成效进行简单的勾选问卷，问卷问答题数量少、笼统粗略且非常主观，据此反映授课情况比较片面，无法客观评价培训教师的培训质量情况。这两种单一固化的培训效果评估模式无论是基于参训人员还是基于授课教师，均难以真实、客观地反映学习成效和课程质量情况。③

十二　中国高校非学历教育开放融合评价

（一）体系协作评价

学历教育和非学历教育协调是高校教育体系协作的重要内容。围绕

---

① 李浩、黎弘毅：《贵州教育改革开放40年研究》，《贵州民族大学学报》（哲学社会科学版）2019年第5期。

② 徐作锋：《高等教育自学考试网络助学模式构建与思考》，《中国成人教育》2021年第7期。

③ 徐作锋：《高等教育自学考试网络助学模式构建与思考》，《中国成人教育》2021年第7期。

高校非学历教育，国家有关政策文件相继提出了“搭建终生学习立交桥”“学分转换互认”“建立继续教育学分积累与转换制度”等要求，但是还缺乏相应的配套实施政策。办学层次低使得高校非学历教育在挤占高校办学资源的同时却难以促进学校产学研发展和社会服务水平的提升。

（二）产学研协调评价

当前高校关起门来办学的思路仍然没有得到根本扭转，对于需要产学研高度协调的非学历教育仍然坚持以我为主，以其他社会力量为辅，甚至与协作方疏离的办学方式。一方面得不到产业界的技术支撑，如科研反哺，实验支持，问题牵引，实践合作；另一方面与政府部门缺乏沟通，不能把握专题培训和政策培训需求。此外，高校与研究机构之间也缺乏沟通，前沿技术不能通过高校平台向广大教师、产业界、学员群体扩散。很多高校非学历教育仅限于传播书本知识，培养简单操作技能，获取教学收益，对于更广阔的产业空间、科研创新空间、社会发展空间缺乏把握，不能牵引产业合作，研发创新，对乡村振兴、国家重大发展计划、地区发展作不出更多贡献。

（三）资源整合评价

高校非学历教育是一个庞大的体系，其规模绝不亚于现有的学历教育体系，需要整合各方、各类资源。高校是我国高等教育领域的中坚力量，有政策、教学资源、师资和信誉优势，利于搭建非学历教育平台，引导和带动社会各界投入，但当前高校远没有发挥出社会教育资源整合作用，非学历教育主要立足于学校已有资源，进一步说主要立足于体制内资源，对社会资源、产业资源吸纳能力低。一方面国家投入有限，一方面需要全面发展教育事业，一些高校抱怨资源不足，被动申请国家资助，却没能面向产业界和整个社会，主动整合资源。

（四）开放协作评价

当前我国高校非学历教育体系不断向复杂化、多层次发展，形成了社会各界、各类经济成分“我中有你，你中有我”的局面，比如在扩展非学历教育覆盖面方面，部分高校通过与外部机构学习网站的对接，实现对终生学习的云服务。但当前开放协作的机制整体并不通畅，尤其是公益部门和盈利部门、体制内部门和体制外部门之间存在着协作障碍，矛盾突出，需要政策突破。比如在招生环节，一方面需要防范过度市场化，无序开放会导致虚假宣传、欺骗式招生，其结果是损害了非学历教育事业形象。但另一方面又需要市场化，不像学历教育，非学历教育以社会需求为前提，与学制内教育不同，前者带有消费和自愿、经费自筹性质，需要走市场化的招生道路，这种招生模式一般高校继续教育部门难以胜任。高校非学历教育招生难还与其经费投入少、人员素质难以满足市场需求有关。在招生环节容易陷入“既要市场开放，又不能完全开放”的两难困局。同样的矛盾还体现在师资和教学环节。

（五）内部协作评价

很多高校内部各教学单位争相开展非学历教育，彼此独立而封闭，协作交流不足。首先是必要统筹机制缺乏，导致培训项目分散、规模小、特色不足。其次是资源共享机制缺失，导致课程资源重复开发，教学资源闲置浪费严重，一些优质的非学历教育培训项目没有在校内得到充分推广，优秀课程资源没有得到更有效的利用。因为缺乏整合，未能形成特色鲜明、优势互补的格局，甚至在一定程度上出现了“内争资源、各自为政”的局面，所以许多高校非学历教育未能形成对外竞争合力，影响力甚至还不如民营中小培训公司。

（六）对外合作评价

某些体制机制还不健全，从而束缚了高校对外合作的“手脚”。据高校非学历教育部门的人反映，即使想对外合作，政策上也行不通。本来对外合作的能力就低，意愿也不够，再加上政策难突破，对外合作就更是难上加难了。我国现有的教育评价标准也主要是“校内标准”，如文章、课时，对争取了多少合作单位，招了多少社会学员等缺乏评价激励。教职员工的保守观念也不利于对外合作，比如一直存在的读书人不言商等清高思想不利于工作人员走出校门，一些人认为开展校外合作是自降身份，他们习惯于人家上门相求。另外，当前教育和科研经费不断增长，大部分人的精力主要放在争项目上，对外合作积极性不高。其他如官本位思想、错误的优越感等使高校难以迈出非学历教育对外合作的步伐。随着国家教育经费投入逐年增加，很多高校待遇水平提高，在优渥的条件下，小富即安思想严重，对需要冒风险和付出努力的对外合作办学创新动力不足。总的来看，当前高校非学历教育对外合作机制不完善，与外部机构的合作举步不前。社会上一些好的教育资源和渠道没有被充分利用，学习需求和培训市场没有被充分挖掘。

（七）不同所有制优势发挥评价

非学历教育是面向社会开放的教育，不存在招生指标，普通高校办非学历教育除了具有学历教育资源，在其他资源方面，尤其是市场资源、管理资源和人力资源等方面，与社会教育机构相比，都呈弱势。众多实践经验也表明，通过与社会机构竞争办非学历教育，对高校而言通常是事倍功半，因此高校需要基于自己的学历教育资源，更多强化体制外合作，发挥多种所有制优势。当前我国高校非学历教育混合所有制改革还处于探索阶段，非学历教育经过多年培育虽有起色，但从整体上看仍未迎来大发展，在普通高校中地位仍不高。无论从社会发展的需要、国家的政策导向，还是普通高校自身的办学逻辑看，发挥不同所有制优势是高校非学历教育发展的可行路子，也是高等教育，尤其是非学历教育健康有序、可持续发展之必需，但实际效果仍不尽如人意。

（八）内部组织协调评价

尽管各高校都相继开展了各种类型的非学历教育活动，但相应的制度保障和政策供给不够完善，非学历教育缺乏科学、统一的管理体系，再加上职责不清，因此形成了组织乱象，用一句通俗的话讲就是，能够开展非学历教育的部门和机构可谓是“八仙过海，各显神通”，纷纷招兵买马，欲在非学历教育市场分一杯羹。这种单打独斗、各自为政的做法，难以整合学校内部优质的教学资源，形成教育合力；缺乏经费保障和激励制度，难以激发继续教育部门和人员的积极性；缺乏完善的监督评估制度，难以控制非学历教育发展目标的偏差。①

（九）市场准入评价

当前我国高校非学历教育的市场化程度还不高，行政规则、人情规则盛行，竞争规则、效率规则适用有限。许多业务还没有按照“公开、公平、公正”的原则向外开放，比如高校非学历教育资源采购、项目招投标对外信息公开有限，很多项目仅限定少数几个社会合作机构。在许多环节，由于监管水平有待提高，市场秩序有待整顿，一些社会机构被排除在合作办学范围之外。开放性不够的局面如果不能打破，高校非学历教育的办学路子就可能越走越窄。

（十）国际化评价

在中国日益走向世界中心的过程中，需要高校非学历教育发挥越来越大的作用。当前中国高校在吸引海外非学历教育学员，服务中国公民走向世界方面取得了一定成绩，中国高校非学历教育水平越来越高，但与世界第二大经济体、世界大国的地位相比，中国高校非学历教育取得的成绩还远远不够。高校非学历教育国际化还存在结构严重失衡问题。首先是规模失衡，中国学生往外留学规模大，外国学生来中国留学规模极其有限。其次是区域失衡，来中国留学的人员主要是第三世界和“一带一路”国家人员，来自西方发达国家的留学人员还

① 康书豪、李峰巅：《“互联网 +”下普通高校非学历教育发展探析》，《中国成人教育》2018 年第 4 期。

很有限，吸引西方留学人员少对于我国与西方发达国家竞争文化软实力极其不利。

（十一）政校合作评价

中国经济发展需要有效市场和有为政府并举，政府在各项事业发展中发挥着相当重要的作用，我国高校非学历教育也不例外，因此需要单独对政校合作进行评价。当前我国高校承担了来自政府委托的大量非学历教育培训项目。政府资助非学历教育课程不仅是现实所需，也是世界发达国家的惯用政策。我国虽有政府委托给高校的培训项目，但政府给予高校非学历教育的宏观政策倾斜却很少。我国目前仅对学历教育有税收减免或直接拨款形式的全国性补贴，对非学历教育则仅有上海、深圳等经济发达地区的政府给予专项的补贴资金。[①] 由于中国式现代化的特有体制，非学历教育政校合作未来仍前景广阔，相关政策需要进一步创新。

十三 中国高校非学历教育效应评价

（一）社会效应评价

近年，我国高校非学历教育不断扩张，为越来越多的人提供了正规教育之外的社会学习机会，很多人通过非学历教育弥补了自己学历教育的不足，甚至缺憾，不仅增强了个人能力，提升了素质，还增强了工作信心、为社会服务的抱负，生活更加美好。但从规模上看，非学历教育的社会服务潜力还远未发挥出来；从质量上看，非学历教育离公众的期待还有很大差距；从实际效果来看，人们对非学历教育还褒贬不一。非学历教育还需要抑制创收导向，进一步强化社会效应。

---

① 黄鹏、刘艳：《澳门非学历教育课程设计对内地高职院校的启发》，《高等职业教育（天津职业大学学报）》2016 年第 6 期。

（二）人才培养效应评价

我国高校非学历教育当前仍然主要遵循学历教育人才培养模式，非学历教育应有的人才培养灵活性、社会应急性优势还发挥得有限。许多高校甚至把非学历人才培养的优势变成学历人才培养的劣势，照搬非学历教育课程，把有实践能力培训需求的学员培养成象牙塔里的书生。人才培养的实践性差，学员不能学以致用。我国学历教育，尤其是高层次学历教育需要使人才培养向专、精、深的方向发展，在高层次知识、研发人才缺乏，低层次人力资源过剩的背景下，非学历教育更应向技能型人才培养模式转型。以非学历教育的办学条件、学员层次，更适合培养高层次技能型人才和社会实用型人才。

（三）拔尖人才培养评价

拔尖人才成长是一个长期过程，终生需要进步。他们在新形势、新科技前沿背景下需要不断学习，因此亟须高校通过非学历教育提供拔尖人才培养机会。但当前我国许多高校办学层次不高，在科学技术前沿站位不高，在一波波科学技术浪潮面前缺乏应对能力，因此非学历教育难以担负继续培养拔尖人才的任务。

（四）社会认可度评价

当前我国高校非学历教育的社会认可度在提升，社会公众接受非学历教育将成为常态，但并不能因此认为我国高校非学历教育社会认可度已经很高。因为教育质量不佳，很多高校非学历教育课程满足不了学员的需要，与预期相差甚远，再加上虚假招生宣传，将非学历教育与学历学位挂钩，误导学员，从而降低了社会认可度，甚至引发不稳定事件和冲突。

（五）地方服务评价

我国高校非学历教育为推进区域发展发挥了积极作用，特别是一些地方性普通高校，成为地方人才供给的重要渠道，也是地方实用性人才培养的主阵地。尤其在实用人才培养、干部人才教育、各类政策性培训等方面发挥了积极作用，但高校与地方联系仍然有限，高校适应公共事务和地方社会发展而进行的教学资源、师资、课程筹备少，还难以满足地方教育培训、政策分析、学术交流的需要。校企联系也有限，一方面地方企业人才缺乏，另一方面高校继续教育人才培养不能与地方经济社会发展紧密结合，学生就业难，高校和企业在继续教育职业、技能培训上远没有达成一致。同时高校也与地方互动发展，在服务地方发展过程中提高了非学历教育发展水平。但当前我国高校行政色彩仍然浓厚，更多跟着教育行政主管部门的指挥棒走，追求科研和科技项目，对地方服务能力培养和渠道开拓关注不够。

（六）全覆盖效应评价

当前我国全日制普通高校主要布局在国家中心城市、省会城市和部分地级城市，而占人口主体的广大中小城市大学拥有量少。高层次大学主要布局在东部地区，中部地区相对较少，而西部地区则更少，比如西部部分民族地区，有的仅有一所“211”高校。由大学分布的过分集中、不均匀而形成高校非学历教育的过分集中、不均匀。在发达的东部地区，不仅全日制普通高校数量众多，非学历继续教育资源雄厚，而且成人高校、开放式大学实力强劲，它们也具有非学历教育功能。比如上海开放大学在全市设有 40 所分校（教学点），得益于其全覆盖的系统办学优势，每年参加非学历教育相关培训和考试的学员高达 50 万人次。[①] 而广大边远地区和中西部地区还有很多地方高校非学历教育没有覆盖到。受政策及师资、办学条件限制，非学历教育异地办学少，目前还主要以属地办学为主。高校覆盖薄弱地区的学员需要克服更大的学习困难，加上是在职教育，很多人不具备离开工作和生活地远途学习的条件，因而

---

① 张雅婷、陈萍萍、任伟：《非学历教育在广播电视大学转型发展中的策略研究——以新疆广播电视大学为例》，《新疆广播电视大学学报》2020 年第 4 期。

这些地区的人员接受高校非学历教育的机会十分有限。新兴的线上教育模式虽然有一定发展，但实际成效有限，当前线上非学历教学方式还有待改进，学习还难有良好效果，我国通过线上教学提高高校非学历教育覆盖面还有很长一段路要走。

（七）服务欠发达地区评价

欠发达地区人员受教育水平整体偏低，不仅学历教育水平低，所能够获得的非学历教育机会也很少。在国家教育投入有限的背景下，欠发达地区尤其需要通过非学历教育弥补学历教育的不足，当前我国已经通过新型农民培训、农村进城务工人员培训、非农就业培训、下岗转岗培训等形式开展欠发达地区高校非学历教育。但因为客观条件难以根本改善，尤其我国高校主要分布在中东部一线大城市，高水平大学主要集中在东部城市，对欠发达地区服务能力有限。非学历教育服务的不平衡甚至成为区域不平衡的原因。

（八）服务发展转型评价

高校非学历教育为发展转型服务需紧密跟随经济社会发展潮流，捕捉时代新变化，站在技术进步和产业发展的前沿，提前布局课程产品。但当前我国高校仍主要沿用学历教育的模式，按照学科建设的老思路开展教育培训，许多学员反映课程内容在其以往的学历教育中已经学过，他们急需的前沿知识、信息学校提供有限。许多学员来自实践一线，对发展转型动向甚至比大学教师掌握得还全面，对形势变化更加敏感，高校因为固守校园，知识陈旧，而不能满足发展转型培训的需要。

（九）实效性评价

当前许多高校非学历教育培训模式陈旧，实效性不强。一些高校非学历教育部门人员市场开拓动力不足，市场竞争意识不强，没有深入调研社会情况和市场需求，培训内容不能产生社会应用。还有的办班目的不明，缺乏针对性、前瞻性，培训内容空洞，无实际用途。总体来看，我国大多数高校非学历教育理念仍旧停留在原有的学历教育中，在培训项目设计、培训内容安排、培训方案设计、培训模式选择上套用学历教育的方法，重理论、轻实践，非学历教育特色不突出、不鲜明，同社会需求极不相称，[①] 学员学习的实际效果有限。

① 康书豪、李峰巅：《“互联网+”下普通高校非学历教育发展探析》，《中国成人教育》2018 年第 4 期。

第十章　评价结论和政策建议

一　中国高校非学历教育监管与服务评价结论和政策建议

（一）评价结论

高校非学历教育宏观调控能力有待提升。地方政府及相关教育行政部门监管效能有待提高。高校归口管理需要进一步专业化，办学过程需加强服务和规范，办学条件上强化支持和积累。普遍存在非学历教育教师的绩效、考核机制和职称评审制度等不够完善的问题，科学的顶层设计和配套支持欠缺，需要进一步强化规划和布局。各个管理层次需要完善非学历教育机构评价、办学评价、教学评价。

（二）政策建议

1. 规范竞争和合作

对高校非学历教育规范市场竞争的同时，应鼓励高校整合部分规模小、生源少、教育质量不高的办学机构，从外部引进多元优势教育项目，增强非学历教育机构的服务意识。在适应市场需求，尊重教育产品创新和发展的基础上，协调好高校及办学部门和社会民办机构的关系，一方面要加强公办教育在非学历教育中的主体地位，保持其较高的教学质量；另一方面，民办非学历教育作为公办非学历教育的重要补充，对其要积极引导，在办学方向、教学组织等方面进行约束，不允许其为了抢占市场，与高校办学部门或者教师等建立利益关系。①

2. 强化质量保障体系和监管

质量永远是教育的生命线，非学历教育的质量更是直接关系高校的声誉和效益。应当把非学历教育纳入高等教育的质量监控体系，结合其特点制定相对独立的标准体系。组建监督管理机构，审核各普通高校和其他办学机构的非学历教学资格和培训效果。可参照或引入ISO 9000质量管理体系，对普通高校非学历教育开展全面质量管理。要实施全流程评价，关注动态的、过程性的分析与评估。要发挥接受培训项目学员的评价和反馈作用。在评价中要注重培训主体的参与，发挥他们的评价和改进作用。要建立社会化、市场化的监控评价体系，引入第三方监控和评估。评价结果要及时发布，做到公开透明。只有建立这种多方参与、多角度、多元化的全流程质量保障体系，才能使非学历教育更加有效地服务于终身教育理念和建设学习型社会的目标。②

3. 压实高校自律管理责任

高校应充分认识到非学历教育的重要意义，不断加大改革力度，理顺管理机制，针对非学历教育进行顶层设计，科学定位，整合内部各种教育资源，实行对口统一管理。高校要主动简政放权，建立健全规范化、系统化的管理体系和管理机制，实现学校资源的合理分配和有效利用。尤其要以培训质量为核心，因地制宜，发挥高校自身的专业优势和区位服务优势，进一步完善非学历教育的管理体制，形成制度保障，建立健全监督评估体系。一方面，应结合高校自身发展现状和未来定位，合理规划非学历教育发展，建立针对非学历教育的动态、循环监控机制，注重教育培训效果反馈；另一方面，适当引入第三方评估团队，开

① 庄磊：《我国高校非学历教育发展政策分析与建议》，《大学教育》2021年第7期。

② 庄磊：《我国高校非学历教育发展政策分析与建议》，《大学教育》2021年第7期。

展客观、专业的评估，不断改进工作方式。①

4. 创造条件保障持续性监管

首先，要明确中国非学历教育现阶段的发展特点。大多数高校存在非学历教育规模小、课程单一、学校硬件条件不足等问题，为了适应经济发展和社会需求的快速增长，国家应在宏观上专门规划非学历教育发展，包括机构的数量以及地区分布，鼓励创新型培训机构的发展，对于低层次、低水平重复的非学历教育机构大力整顿和压缩。

其次，强化行业协会、学会治理。教育行政部门对相关非学历教育协会工作的督察、指导以及帮扶应形成长效机制，既要给予协会一定的自主权，使之自由裁量相关行业事务，也要适时介入，规范办学、严格管理。对年审不合格的培训机构，根据情节轻重设定惩治措施，取缔非法机构，联合其他行政部门，严查虚假宣传。建立非学历教育机构评级制度，由相关行业协会每年对非学历教育机构进行评分审核，对于表现优秀的机构给予奖励，对于表现不达标的机构给予警告、降级、停业、摘牌等处罚。

最后，建立良好的行业环境。在对非学历教育大力推行“放管服”的同时，政府需要探索解决非学历教育行业发展中存在的深层次矛盾问题。例如，“公益属性”与“企业属性”的关系问题、“政府资助”与“合理回报”的标准与比例问题等。②

二　中国高校非学历教育体制机制评价结论和政策建议

（一）评价结论

高校非学历教育立法和制度建设尚不完备。当前我国高校非学历教

---

① 李中亮：《关于“十四五”继续教育规划的若干思考与建议》，《当代继续教育》2020年第6期；杨磊、朱德全：《我国现代职业教育体系建设：新业态、新问题、新路向》，《云南师范大学学报》（哲学社会科学版）2020年第6期。

② 程冰、席吟瑞：《面向构建终生学习体系的高校非学历教育路径探索》，《继续教育研究》2023年第2期；崔新有、韩民、别敦荣等：《我国学分银行建设的问题审视和未来进路》，《终身教育研究》2022年第4期。

育正处在管理体制改革试行阶段，总的改革方向确定，但具体的机制还有待在实践中不断完善。高校非学历教育机构普遍市场能力弱、激励不够；市场参与机会、权力赋予少；市场发育程度低，还存在诸多不规范、秩序混乱行为，治理水平有待提高。需要进一步改革完善我国非学历教育运行机制，从而激发活力，释放潜能。

（二）政策建议

1. 强化市场分配激励机制

在现有事业单位财务制度允许的条件下，积极建立与非学历教育市场化需求相匹配的绩效管理制度，适应教育培训市场的绩效工资发放制度，充分体现“多劳多得，优劳优酬”。可先行试点，再广泛推广，以充分调动非学历教育人员的积极性。①

2. 坚决维护行业运行机制

规范行业标准，制定行业准则。非学历教育不能排斥社会合作，但一些社会教育机构打着与高校合作的幌子，自身缺乏教育资质，没有营业执照和专职教师，在产品和管理上缺乏规范性和科学性。政府相关管理部门应密切关注市场最新动向，深入了解新兴教育产品模式，与行业机构建立紧密联系，制定行业准入标准，并建立相应监督机构，定期对产业动态信息进行披露，坚持从严审批，从严管理教育内容，确保行业的健康发展。对不具备经营资质的培训机构严肃处理，并及时向社会通报相关信息，从而保障非学历教育市场的规范有序。

3. 推行各方共治机制

政府相关部门在法规、市场监管、舆情反应及经济政策上，应建立长效管控协作机制，调动非学历教育消费者、教育机构从业者、教

---

① 于舒洋、张清利：《开放大学非学历教育发展研究——基于北京开放大学的实践探索》，《北京宣武红旗业余大学学报》2020 年第 21 期。

育专家、教育产品研发者、媒体等多方参与，及时跟踪市场动态和多方需求，深入了解非学历教育产品，尤其是诸多互联网教育产品，做到管理时有的放矢。做好共治机制试点示范，推动全行业及相关产业链环节健康发展，在净化社会风气和规范教育行业运行方面取得良好社会效益。

4. 完善各领域协调机制

重视非学历教育对于提升高校社会服务、科学研究、人才培养、文化传承的能力和潜力，投入包括资金、人力、市场、设施在内的更多资源以推动非学历教育与本科教育、研究生教育协调发展。特别是探索学历教育与非学历教育互融互通，通过工作量转换、课酬优化等手段鼓励高校教师在完成教学和科研任务且有余力的情况下积极投身高层次非学历教育，对于一部分实践教育能力强的教师，鼓励其专门从事非学历教育，在职称评聘、人才选用、个人待遇上制订特殊政策，扭转大学教育重学不重用，重理不重操作，学术人才不够顶尖，一般人员难以为现实服务，学术成果束之高阁不能转换的局面。

三　中国高校非学历教育发展程度评价结论和政策建议

（一）评价结论

高校非学历教育仍处于起步阶段，获得了多样化发展，但与新兴需求、个性需求、拓展性需求相比，仍有差距，发展还很不充分，不少办学部门单纯追求经济效益，忽视质量提升，不顾及内涵式发展。

（二）政策建议

进一步改革开放，破除体制性障碍。高校应将非学历教育建成教育发展、社会贡献、政产学研综合部门而不是单纯的创收部门，提高非学历教育的层次，实现其多样化、个性化、差异化发展。进一步强化政策和资源供给，加快高校非学历教育发展。

四　中国高校非学历教育发展环境评价结论和政策建议

（一）评价结论

高校非学历教育还没有获得应有的发展地位，长期缺乏政策和资源支持。由于学历教育惯性及其长期的“正统地位”，高校依然把学历教育作为主业，而非学历教育作为副业仍然被边缘化，没有受到应有的重视。非学历教育通常被视为学历教育的补充或者仅仅是创收渠道。当前非学历教育社会环境不够友好，众多用人单位不认可高校非学历教育经历。许多高校对非学历教育申请人员缺乏筛选，招生程序不规范，大量不合格生源扰乱了学习秩序，影响了教学质量。

（二）政策建议

高校要重视非学历教育的发展，提高非学历教育思想站位，积极制订非学历教育规章制度，坚持终生教育的办学理念，积极承担社会服务职能，为社会培养更多高质量的技能型人才。政府、社会和大学应通过非学历教育，担负起构建终身教育体系和建设学习型社会的重任。高校要充分发挥高等教育系统办学优势，基于深厚知识和技术积淀、长期打造出来的教学软硬件、良好的知识教学环境，采用多层次、多规格、多功能、多种形式的开放、灵活的办学方式以及现代化的教学手段，结合经济社会发展实际，采取有效方案，制订切实可行的措施，充分开发非学历教育办学潜力。

五　中国高校非学历教育战略与文化评价结论和政策建议

（一）评价结论

国家对非学历教育越来越重视，对其定位越来越高，但配套政策和相关支持措施还有待跟进。不少高校非学历教育与社会服务、人才培养的导向偏离。非学历教育定位模糊，混同学历教育。定位偏颇，重创收、轻社会服务。盈利色彩浓厚，社会服务和公益导向不够。不少高校站位不高，需要进一步提升非学历教育办学理念。从地方政府到高校，对非学历教育公益性认识不够，其公益功能远远没有体现出来，发挥缺乏依托。部分高校非学历教育办学思想还比较混乱，需要进一步端正和明确。对于非学历教育而言，良好的文化是其发展的根本，但非学历教育文化建设尚未引起高校充分重视，学历教育和非学历教育之间的文化冲突需要妥善解决。

（二）政策建议

非学历教育是新形势下社会经济发展的必然结果，是适应我国科教兴国和人才强国战略的重要教育形式，也是新时代市场经济发展的必然产物。需要改变传统教育观念，重视关系非学历教育有效运行的现代教育观念培养。高等教育不仅包括学历教育，还包括非学历教育，普通高校在主抓学历教育的同时也要兼顾非学历教育并将它纳入学校发展的战略规划当中。主管部门和办学单位应转变对非学历教育“创收”定位的固有认知，实现非学历教育推动高校发展的更多潜在价值。当前，在运行层面尤其要强化高校非学历教育办学思想转变。一是从领导到教师、工作人员，都要把思想统一于发展非学历教育是高校教育改革和发展的重中之重，坚持学历教育与非学历教育协调、并重的办学思路，把发展非学历教育摆上重要的议事日程，认真研究相关理论、政策，分析非学历教育新情况、新问题，结合当地的实际，制订切实可行的发展非学历教育的中、长期规划并付诸实施；二是把思想落到实处，选配精干人员，组建机构，明确岗位职责，以思想为指南，干好日常工作。党的十九大和二十大报告相继指出要办好继续教育，加快学习型社会建设，着力提升国民素质，这为非学历教育提供了良好的发展机遇。普通高校应以此为契机，坚守服务教育和终身教育的办学“初心”，真正为社会培育更多高效率、高素质、高技能的人才。

六　中国高校非学历教育办学主体与人力资源评价结论和政策建议

（一）评价结论

我国高校非学历教育办学主体规模大，建设取得较大成就，但较为分散，没有遵循分工原则和准入标准，专业化、职业化发展不足。许多高校非学历教育师资主要依托本校学历教育，校外老师少，既有丰富实践经验又有一定理论水平的老师更少；无论是规模还是质量，非学历教育师资都跟不上发展需要。非学历教育工作人员激励不够。管理队伍素质有限，尤其缺少项目经理或者协调人员，管理队伍的突发事件应对能力、市场需求响应能力不够。外聘教师遴选、任用程序不够规范，激励、监督管理机制没有理顺或者建立。

（二）政策建议

我国高校非学历教育需要壮大规模，提高素质，培育数量充足、结构合理、素质优良的专业团队。在师资前期规划、聘用留人、薪酬考核、培训发展等方面强化体制机制建设。采用专职和兼职结合的方法，努力打造一支高素质、够专业、懂创新、愿贡献、勤学习的教师队伍。出台行之有效的评价考核办法及适合的薪酬体系，激发教师队伍的工作热情。真正将非学历教育教师的工作职责进行细化，充分发挥团队的主观能动性。建立一支相对稳定、高素质的师资队伍和加强机构建设是高校非学历教育质量的根本保证，具体行动方案包括以下几点。一是要在高校内部选拔、培养学科专任教师，担任基础学科、公共学科的教学；二是在产业界、学界等社会各界聘请校外有专长的人员担任专业学科的教学；三是进行校内外教师交流，聘请其他高校和教育机构的专业教师担任相关学科的教学；四是建立教师档案，适时考核，择优劣汰；五是从非学历教育收入中提取专项资金，有计划地安排非学历教育教师自身的培训、进修，确保非学历教育师资队伍知识的更新和自身素质的提高；六是建立内部激励机制，如评优评先、奖励性绩效等，充分调动广大教职员工的积极性和创造性。

七　中国高校非学历教育财务与后勤评价结论和政策建议

（一）评价结论

我国公共支出对高校非学历教育财务和后勤支持远远不够。大多数高校仍然缺乏非学历教育所需的优质、专门性、适合自身需要的设施。非学历教育资源普遍匮乏，而且依赖性强，独立支配性不够，方法和手段落后。财政投入严重不足，高校自有积累少，相关社会投入难进入。非学历教育保障机制普遍缺乏，尤其是成本分担机制不健全，经费保障水平不高。

（二）政策建议

在财务政策上要体现出引导性，积极拓展普通高校非学历教育经费来源渠道，发挥非学历教育周期短、见效快、回报高的优势，吸引和鼓励更多社会资金投入普通高校非学历教育领域，既能解决非学历教育成本不断抬升和投入不足的矛盾，更为整个高等教育可持续发展提供保障。加大投入力度，拓宽资金渠道。普通高校应对非学历教育进行补偿性倾斜，加大投入力度。应引导非学历教育走向市场化运作，积极筹措民间资金，充分利用各种社会资源。加强与企业合作，发挥高校专业优势和企业资金优势，促进非学历教育健康持续发展。强化保障的具体措施有以下几点：一是要建立组织机制，建设党委领导、校长负责、各部门配合、归口管理部门规范管理、办学部门积极行动的高校非学历教育体系；二是进一步争取国家和地方政府的支持，确保非学历教育的基本经费投入；三是建立促进高校非学历教育发展的相关制度，完善高校非学历教育的相关法律规章，将高校非学历教育体系建设纳入法制化轨道。①

① 潘姿曲、祁占勇：《改革开放四十年我国职业培训政策的变迁逻辑与未来走向》，《职教论坛》2018 年第 11 期。

八　中国高校非学历教育信息化与创新评价结论和政策建议

（一）评价结论

不少高校已经建立非学历教育网络平台，但功能完善度和日常运营利用度在高校之间、校内部门之间程度不一，高校非学历教育信息化工作远远落后于学历教育，线上培训缺乏。为了实现“随时”“随地”“人人”都能接受高校非学历教育，尤其在疫情背景下，需要大力推进高校非学历教育信息化建设。高校非学历教育创新反哺功能没有发挥或者说远远没有发挥出来。非学历教育缺乏科研支撑，相关特色研究滞后，教学内容陈旧。因种种原因，高校非学历教育知识的创造性应用，理论的创造性发展方面仍面临种种问题，从而不利于高校非学历教育质量水平进一步提高。

（二）政策建议

1. 推进信息化体系建设

拓展统计数据报送范围，提高高校非学历教育数据统计和分析能力。建设全国统筹下的各地高校非学历教育信息系统，实现对全国高校非学历教育信息化政务、监管、服务、教育的平台整合。高校积极构建“互联网＋非学历教育”信息系统平台。第一，完善内部网络管理，高校继续教育学院积极组建内部网络，基本实现文件共享、信息共享、打印共享、传真共享；将培训内容分类，按照部门设计管理流程与系统方案，设计管理系统，实现网上教务、网上管理，提高日常事务管理工作效率。第二，加强外部网站建设，继续教育学院应在原有内部网站的基础上，加强特色建设，创新培训服务理念。参照内部培训部门分工，设计简洁明晰的界面，将陈旧僵化的培训信息细化为及时更新的培训通知、培训动态、培训公告及培训查询。把工作重点放在精品课程的制作与推介环节，推出精品课程。各办学单位构建“智慧教室”，打造“线上线下”混合式培训模式。基于非学历教育平台，借助物联网、人工智能等新技术，探索教学硬件创新，提高设备服务教学的效能。以高清视频通信为基础，从“内容呈现、资源获取、及时交互”三个维度把智慧教室打造成具有“高清晰、深体验、强交互”特点的现代化教室；通过智慧教室逐步构建“线上线下”混合式培训新模式。以智慧教室为支撑，围绕高校非学历职业教育、继续教育以及技能培训，打造“人人皆学、处处能学、时时可学”的新学习平台。第三，拓宽培训服务渠道，除正常培训网站的建设外，还借助微博、微信、QQ 等其他互联网社交平台渠道，补充非学历教育培训的增值功能，尽可能拓宽学习者的受惠面。①

2. 强化平台建设，打造远程加线上教学系统

推进非学历教育现代化，真正将现代化教学模式进行深挖运用，强化管理，有效促进高校非学历教育向现代化教学模式发展。加强平台建设，深入挖掘教育资源。加强自身现有培训平台的完善工作，打造学校非学历教育一站式支撑平台，提供“平台、项目、内容、渠道、服务”五位一体的整体解决方案。加强与其他同行已有培训平台、其他社会机构已有知识库的联通合作，深入挖掘、盘活系统教学资源，互通有无，提高教育资源开发效率和课程教学的质量。基于需求推进信息化，根据学员个性化、多元化的学习需求，基于“互联网 +”时代的多媒体技术，采取灵活多样的知识教育形式，充分运用网络媒介，以个性化、订单式、网络化的培训方式，来提高非学历教育的灵活性和生命力，满足个性化的学习需求。发挥网络教育特色和优势，建设终生学习服务平台，探索网络环境下的非学历教育模式。②

3. 以科研教研促进非学历教育发展

积极开展非学历教育理论研究，确保非学历教育良性发展。重视科

① 吴留戈、刘冬宇：《高校非学历职业教育培训的现状与对策研究》，《南宁职业技术学院学报》2017 年第 4 期。

② 邓孟红、周个妹：《基于物联网的开放大学智慧教室设计与实践》，《中国教育信息化》2020 年第 17 期。

研引领，组建非学历教育教学团队。在非学历教育发展过程中，“谁来教”是源头保障，师资力量事关学校战略部署。要重视“科研兴师”的作用，营造科研氛围，鼓励教师以非学历教育为主题，以论文、课题等多种形式开展科研，通过将理论创造性地应用于实践，为经济社会发展过程中遇到的各种困难和问题提供解决思路和办法。例如如何在学历教育的学分银行与非学历教育会员积分之间建立联系机制；深化非学历教育体系的联动机制，就重点培训项目和精品课程进行教学研究。围绕地方或者行业发展，引导广大学员将所学理论应用于实践，使理论获得创造性应用；通过实践检验，不断印证或修正理论。

4. 线上线下协调

坚持线下办学主体地位，拓展资源共享场景。一是重视线下办学中不可替代的情感因素。研究表明，正向的师生情感表达与交流能显著提升教学效果。① 情感因素是资源共享的基础，线下办学是开展情感表达与交流的必要条件。二是拓展第二课堂，深化教学内涵。做精现场教学，避免单一的走马观花式的展厅参访，切实将主题调研和实践实训融入现场教学。更大范围组织开展主题化的座谈研讨、全景化的现场业务观摩、定制化的沙盘模拟、小组调研、创新化的阅读沙龙、虚拟学习社区，促进教师、学员和实务部门多维度深层次的交流、研讨。三是延伸培训互动场景，持续做好培训后服务体验。为各类人员交流设置专门的用餐会和主题沙龙，将业务洽谈场景嵌入其中，推动“产学研用”合作。贯彻终身教育理念，打破局限于高校内的办学时空，鼓励教师、教学合作方在课后留下联系方式，促使学员和各界持续联络，做好培训后跟踪服务，进一步延伸非学历教育办学收益。②

① 陈其晖、倪丽娥、杨劲松：《认知风格、互动教学策略对教学效果的影响研究》，《教学与管理》2022 年第 27 期。

② 叶晓汀、王斌：《基于“三元主体”的高校非学历教育办学新模式研究》，《当代继续教育》2021 年第 1 期。

九　中国高校非学历教育项目评价结论和政策建议

（一）评价结论

高校非学历教育项目缺乏统一布局，项目模式还不能满足发展需要。办学渠道狭窄、单一、欠缺，项目自我开发能力低。项目专业化能力不强，需要进一步提高专业技术水平。个性化不够，需要错位发展。特色化不足，竞争优势有待建立。异地办学少，远程覆盖能力有限，跨区域同行协作有待加强。课程单一、培训资源少、项目更新缓慢，有待强化相关项目研发能力。教学内容陈旧，难以适应社会需求。培训主题不够鲜明，时间安排、方式选用不合理。项目实施缺乏科学、完备、有操作性、指导能力强的方案。

（二）政策建议

1. 做好项目开发

大力推进精品项目建设，打造非学历教育的特色项目模式和体系。外部环境瞬息万变，高校非学历教育要适应国内外新形势，适应经济社会发展新变局，紧扣国家、地方、产业发展导向，进行项目创新。要有针对性地进行项目调研，认真研究成人教育市场发展动向，瞄准新需求，及时捕捉市场机会，因地制宜开发新的培训项目，增强非学历教育项目的市场生命力，保证非学历教育可持续发展。所开发的项目还应充分发挥本校的专业优势。

2. 拓展项目渠道

高校应主动面向市场，调研、开发、拓展和争取市场，以高质量服务满足市场需求，打造非学历教育品牌。应整合内外部资源，发挥内外部办学优势，多样化社会合作途径，形成非学历教育规模和体系。应充分利用政府资源、产业资源、社会资源，破除项目壁垒，探索多方形成合力的“共商共建共享共发展”的项目，增强非学历教育持续发展的核心竞争力。同时，为满足线上培训需要，秉持教学内容和市场需求相适应的原则，在大力开发各类非学历教育教学资源的同时，积极探索非学历教育资源利用的合作联盟路径，通过多种方式，不断完善非学历教育体系。充分拓展办学渠道，与第三方社会服务机构、企业深度合作，重点关注素养型、发展型、需求量大的社会培训。①

3. 发展网络非学历教育项目

延展性是非学历教育的重要优势，也给高校非学历教育带来了巨大的延展空间。目前线下高校非学历教育主要存在于大学比较集中的大城市，高校异地特别是广大边远地区办学，基层办班少，适应在职教育培训的项目还不够，中老年素质型培训项目还亟待开发。线下高校非学历教育发展的不足，一定程度上可以通过线上来弥补。我国线上非学历教育近年虽有大发展，但教学效果还不理想，需要进一步探索完善线上非学历教育模式，提高网课质量和在线教育吸引率。

4. 开拓项目市场

采用市场化运营方式，吸纳社会力量积极参与，引进优秀经营和管理团队，建立激励机制，高效开展高校非学历教育运营。打造“懂培训、会经营、善管理”的非学历教育培训团队，大胆探索团队建设的新模式和新路径。具体而言，为推出优质的非学历教育项目，应进一步加强市场调研，洞悉市场需求，努力挖掘外部资源，主动寻求合作伙伴，组建项目平台，在课程设置、教学实施和评价反馈等环节精益求精，走项目市场化运作之路；围绕“互联网 +”时代，打造“定制、特色、服务”等个性化需求，以项目为抓手，丰富培训内容，形成课程体系，使课程培训达到三个目标，即更新知识、转变观念、提高素质和能力，从而形成“人无我有、人有我优、人优我精”的品牌特色。②

① 李少丽、方宝：《人才红利竞争背景下美国非学历留学生教育价值链分析》，《黑龙江高教研究》2022 年第 10 期。

② 李少丽、方宝：《人才红利竞争背景下美国非学历留学生教育价值链分析》，《黑龙江高教研究》2022 年第 10 期。

5. 优化项目方案设计

坚持规范管理、市场运作，紧扣社会需求开展项目方案设计。西班牙著名思想家奥尔特加曾经指出："大学不仅需要与科学进行长期的永久的接触，否则就要萎缩退化，而且需要和公共生活、历史事实以及现实环境保持接触。大学必须向其所处的时代的整个现实环境开放，必须投身于真正的生活，必须整个地融入外部环境。"非学历教育培训方案要体现科学与技术、理论与应用、大学内外的沟通与衔接。具体方案设计和落实时，可以借助发达的信息网络技术，学习中外先进培训经验，形成内外结合、以内为主、以外促进的科学培训方案。一是高校组织非学历教育管理人员实地调研，学习各国、各校、各行业企业培训部门的成功经验和先进做法，将其融会贯通落实到培训方案中；二是针对各类培训班，加强与协作培训单位的沟通，明确培训目标、对象、层次，紧扣协作单位需求和高校专业教学特色，科学合理地制订培训方案；三是充分考虑参训人员的个性差异，调查参训人员的实际工作、生活、学习需求，及时调整培训方案。项目方案应与时俱进，依据不同社会参训人员群体进行个性化调整，强化针对性、实用性和科学性，将社会、企业和参训人员的需求落到实处。①

十　中国高校非学历教育教学培养评价结论和政策建议

（一）评价结论

当前我国高校非学历教育针对性不够，仍有唯上不唯下倾向，不能紧跟社会和市场需求。当前的课程体系还比较僵化，不能灵活应变。限于师资、课程资源等约束，还没有形成非学历教育自身独立的课程体系。模块化课程体系建设还有待加强，课程组织能力还有待提高。服务

① 王丹、贡福海：《泛在学习视角下的高校成人非学历教育创新模式探究》，《成人教育》2017 年第 1 期。

对象定位不清晰，极易陷入恶性争抢生源的被动局面。教学标准不统一，内容缺乏规范，理论教学内容过多，实践教学内容不足。

（二）政策建议

1. 推进课程体系建设

要解决当前高校非学历教育课程体系建设中的问题，应从以下两个方面着手。一是改变思维方式，坚持贯彻非学历教育无论哪个层级都是解决工作中遇到的知识与技能不足问题的原则，通过教育培训提高受训者的职业技能，开拓其工作思路，而不是培养研究型人才。尤其在任课教师的选聘上，尽量避免简单调用全日制学历教育体系中的师资；教育资源如教科书、课件也不能简单照搬学历教育。二是根据受训者的基础情况及培训目的，动态设计课程及教学计划，并制定与之配套的考核方式和考核标准，同时构建动态课程体系。①

2. 根据差异化需要，实现个性化发展

应给予学员更多的选课空间，充分满足其行业性、个性化需求。高校非学历教育参训人员来自不同地区、不同行业企业，个性千差万别，美国教育家霍德华·加德纳的理论指出，“人是极具个性化的，多样化的，每个人都有自己的风格和强项，每个人都应该在现有教育下充分发挥自己的潜能、特长等综合素质”②。非学历教育因其灵活的办学方式，更易实现个性化，要积极推动高校非学历教育个性化发展，将个性化办成非学历教育的优势。

十一　中国高校非学历教育质量与风险控制评价结论和政策建议

（一）评价结论

当前许多高校非学历教育质量难以得到保障。尽管办学过程中出现

---

① 李莹：《高校非学历教育课程建设探索》，《成人教育》2021 年第 10 期。

② 张华泉：《2035 农业现代化远景目标视阈下全科职业农民教育国际比较研究》，《成人教育》2022 年第 5 期。

了某些纠纷或者事故，但非学历教育形势整体稳定，未来仍要加强风险防范。高校非学历教育整体活力不够，与应有的潜力发挥不相匹配。无论是供给规模和质量，均难以满足社会需求。合格性评价方式片面，内容简单，不能真实反映培训效果。线上学习效果还有待加强，将线上与线下相结合，创造出更有效的学习模式。

（二）政策建议

1. 改进考核方式

探索改革方案，推动非学历教育教师职称评聘创新。根据学校非学历教育工作实际情况，探索合理的非学历教育人员考核和工作量计算办法。应将非学历教育研究成果、授课课时、课程建设、招生人数、教学质量和社会效益等作为评价标准，逐步改变以论文、科学项目等成果为唯一、重要或者主要标准的考核评价体系，积极推动新的考核办法和职称评定办法出台。①

2. 推进品牌质量体系建设

非学历教育与市场需求紧密联系，社会认可是项目市场生存和是否有竞争力的关键。而想要获得高度认可，非学历教育品牌和质量是基本保障。高校非学历教育要以质量求发展，以品牌促成功。同时，品牌质量建设是一项大工程，应借助标准化体系，为此需要建设高校非学历教育标准体系，积极推进认证制度，除了教育行政部门，还应该通过第三方机构进行认证，促使高校不断提高非学历教育办学水平。

3. 做好内部质量管理监控

要完善高校非学历教育质量监控。建立相应的质量评判标准，从教学质量、教学手段、教学效果等环节进行质量考核；成立质量评估小组，成员包括分管校领导、校继续教育工作指导委员会成员、继续教育

① 姚丽娟：《基于 SWOT 模型的高校非学历继续教育发展战略探索——以 Z 省高校为例》，《继续教育研究》2022 年第 10 期。

学院负责人、非学历培训合作单位负责人，还可邀请教育主管部门领导参与，共同对非学历教育办学状况进行综合评价；建立以学员为中心的信息反馈机制，听取学员对非学历教育情况的反馈意见。①

十二 中国高校非学历教育开放融合评价结论和政策建议

（一）评价结论

我国高校非学历教育开放性还不够，高校较少接触社会各界，“等人上门相求”、被动服务的思想还很严重。社会办学渠道狭窄，无力进行市场开拓。高校内外，教学产研用之间非学历教育协作渠道不畅通，良性互动机制有待形成。仅开发了少量的校企、政校合作项目，而且合作办学层次还比较低，仅为简单人员培训，在产学研协调发展方面裹足不前。内部协作交流不够，系统资源共享不畅。总之，高校资源内部整合不够，内外部整合不够，政产学研用整合不够，体制内外整合不够。

（二）政策建议

1. 加强资源整合

高校要通过资源内外整合，项目发展成果多方共享，筑牢非学历教育的发展基础。在经费投入、资源开发等方面要坚持共同发展原则。硬软件设施是高校开展非学历教育的基础，优美的教学环境、先进的设施设备是争取到培训项目的首要条件，高校要加大投入，广泛整合资源，充分利用现有的设施设备，进一步美化教学环境，优化非学历教育的办学条件，让学员快乐学习，学有所成。②

2. 构建协调平台

应构建协调平台，使高校非学历教育不仅是对学员的培训，更是对

① 王景胜、邓尔玉：《新时期西部高校非学历继续教育创新发展策略》，《青海师范大学学报》（社会科学版）2022 年第 3 期。

② 肖铭：《基层电大非学历教育管理问题的若干思考》，《科教导刊》（下旬）2020 年第 15 期。

高校教师的培训，还有助于科研成果产出。高校非学历教育的培训需求往往同国家战略、新规新政、行业动态、市场热点密切相关，这能有效协助高校教师“将论文写在祖国的大地上”，提高科研成果和市场需求的匹配度。协调平台应将教学合作方放在重要位置，优质的教学合作方可以与高校在科研层面开展更广泛的合作。教学合作方在专业领域的资深实践经验有助于完善高校学科建设体系，为科研提供便利资源，提升高校的学术影响力。协调平台要能充当“产学研用”合作的服务平台，通过定制培训项目、拓展教学互动和业务洽谈场景、提供配套服务，促进高校教师与上游的党政管理类学员，与下游的企业管理和专业技术类学员的精准对接，并在培训后保持沟通与合作。为高校学生在学员和教学合作方所属的政府机关、社会组织或企事业单位开展实习实训以及创新创业活动牵线搭桥，为其职业发展提供持续指导。①

3. 完善内部协作

为搞好非学历教育内部协作，高校需要一个强有力的协调管理机构，由这个机构制定促进各办学单位竞争的规则，注重对其日常办学行为的规范管理，也就是说既维护规则，也促进竞争。学校内部各部门可以共享优质教学资源，能够有效展开成体系的合作项目。对内倡导互惠互利的整体发展原则，同时做好各部门特色化、专业化发展，促进课程分工，发挥各自的优势。归口管理部门和办学单位间、各办学单位间建立有效的沟通机制，通过构建平台，定期开展交流。

4. 发挥不同所有制优势

在市场经济条件下，非学历教育发展需要联合学校、社会、政府、社会组织、个人，实现多方面资源有机整合。比如突破体制和人员身份障碍，集成多种所有制，发挥多种所有制优势。对非学历教育多种所有

① 叶晓汀、王斌：《基于“三元主体”的高校非学历教育办学新模式研究》，《当代继续教育》2021 年第 1 期。

制发展应给予高度重视，当前应积极探索，尽快获得成功试点经验。

5. 推进国际化办学

高校应高瞻远瞩，勇于改革创新，大胆探索引进国际先进的继续教育理念和教学模式，推进非学历教育进一步适应社会发展需要和个人实际需求。建立非学历教育多元化与多层次发展的新体系，有效提升非学历教育水平。将国际合作办学作为高校现代化发展的有效手段，推动高校非学历教育由内向外，国内外相结合的战略调整。国际化既包括输出，也包括引进，要通过与国际教育机构的合作，引进国际先进的教育理念和优质的教育资源，为国内外学员提供个性化、多样化的特色教育服务。①

6. 协调“政产学研用”合作

按照风险共担、资源互通、成果共享的原则做好校内外非学历教育的开发与合作。一是强化与优质教学合作方的长期合作。同有关政府机关和事业单位建立互访调研合作机制，同优质企业、社会组织合作建设“产学研用”实践基地。根据办学专题设计参访主题，汇总学员提问，邀请有关单位的专家现场授课或座谈。推动在专业领域具有资深实践经验的教学合作方更广泛地参与高校学科建设和科学研究。二是开拓高层次学员，利用高校“政产学研”的资源优势深化政校合作、校企合作。顺应国家战略和地方经济建设需求，整合全校资源积极申报和承办国家部委（包括教育部、人社部、工信部、发改委）和地方政府的培训项目，建设相关领域的继续教育示范基地。参与“企业大学”建设，为企业客户提供全流程人才评估和培养解决方案。三是尽量提升本校教师在师资结构中的比例，大力培养青年教师，根据办学要求和教学需求聘请政府官员、企业和行业专家、职业培训师等完善师资结构。本校教师是

① 李天胜、赵克、钟春妮：《广西高校艺术教育国际化的发展策略研究——以广西艺术学院为例》，《钦州学院学报》2018 年第 12 期。

高校品牌的直接体现，是“高校内部平台”发挥效用的基础。要加强与本校学术院系及教师的沟通交流，合作建设办学特色鲜明的，能反哺学历教育的高校非学历教育课程体系。将“高校内部平台”切实作为培养高校青年教师，提升高校教师综合素质的重要平台，为教师与政府有关部门和优秀企业的“产学研用”合作和科研便利化创造条件。通过师资库对教师进行标准化分类管理，提高师资匹配的效率和精确度。①

7. 推进“产学”合作

高校应与产业界、商业界或其他非盈利机构合作开设课程。一方面，由于高校必须首先满足自身的学历教育，所以可供非学历教育课程使用的师资力量往往非常有限，因此需要借助外部师资。另一方面，实践教学并非高校优势，高校可以利用校外机构和导师更贴近职场与市场一线的优势，与其合作开展非学历教育，此举甚至可将高校非学历教育课程拓展到自身师资力量所不及的行业。如可以与猎头公司合作开设求职课程，这既能满足本校学生又能满足其他社会人员对于求职技能学习的需求；也可以与行业协会，比如中国葡萄酒协会、中国交响乐发展基金会等合作，由他们派出行业专家，面向高端职业人群开设旨在提高个人修养以及社交能力的课程。② 需要注意的是，高校在与其他机构展开合作时，要尽可能地规避其他机构的广告性或商业性行为，以维护高校的声誉，保持高校的专业性和公益性形象。③

8. 强化“政校”合作

对高校非学历教育应加大政府投入，并推进政校合作。各级政府应考虑加大在非学历教育方面的投入，尤其应对职业技能、民众素养、健

① 叶晓汀、王斌：《基于“三元主体”的高校非学历教育办学新模式研究》，《当代继续教育》2021 年第 1 期。

② 岳圣淞：《语言战略构建与“一带一路”在南亚的可持续发展》，《南亚研究》2021 年第 4 期。

③ 叶晓汀、王斌：《基于“三元主体”的高校非学历教育办学新模式研究》，《当代继续教育》2021 年第 1 期。

康保健以及青少年培养方面的非学历教育进行补贴，并加强与各高校的合作，从宏观的角度，依据各高校的优势，统筹开设政府补贴非学历教育课程，优化非学历教育课程设计，以最大化利用社会资源推进劳动就业，满足社会终身教育需求。高校也应该着眼于其他培训机构所没有覆盖的市场，开展针对非学历教育社会需求的调研，积极向政府申请补贴性非学历教育课程。①

十三　中国高校非学历教育效应评价结论和政策建议

（一）评价结论

当前我国高校非学历教育参训人员对自身培训成效有一定的认知度。党政机关、行业企业工作人员、社会精英人士是高校非学历教育培训的主要受益主体，其获取的培训知识成果直接或间接地贡献于其所在单位或者行业企业，单位或者行业企业也对工作人员的培训进行政策照顾或经费支持，二者相辅相成、互助发展。从总体上看，高校非学历教育产生了重大社会效应，但与社会公众要求还有差距，潜力远未发挥出来。部分高校非学历教育人才培养出现导向错误，高层次技能型人才和社会实用人才培养不足。我国适应拔尖人才继续培养的非学历教育缺乏，尚需大力发展。除了部分高校、部分课程，许多高校非学历教育和课程社会认可度偏低。高校非学历教育地方服务还有很大空间，地方服务也是高校非学历教育发展的重要“生命线”。我国高校非学历教育在服务欠发达地区存在短板。许多高校非学历教育从理论出发而不是从实际出发，实效性差，学员实际操作能力提高极其有限。能够服务经济社会发展转型的非学历教育培训项目少。

（二）政策建议

随着社会快速发展，高校非学历继续教育一定会发挥越来越重要的

① 李文琼：《北京市 10 所高职院校非学历继续教育对比分析与研究》，《职业教育研究》2022 年第 5 期。

作用。高校需要通过自律和规范的方式，切实提高非学历教育教学质量，守信办学，提高非学历教育的社会认可度。与当地各界形成合力，共同推动其发展。立足区位优势，加强地方服务，尤其是围绕地方发展定位，构建非学历教育课程体系。与企业共建共享、融合发展，协同推进非学历教育培训。具体为资源统筹、项目联建、师资队伍共培、场馆建设共享。共同组建教学合作团队，统一制订人才培养规划和教学大纲，实现集体备课，提升教学质量；聚集各行各业优秀人才，打造开放式专题培训和讲座。为促进发展转型，高校非学历教育首先需要由学历补偿式转为职业发展和学生素质培养相结合。在具体操作中，为持续抓住发展机会，要通过培训次数的密集性和时间的延续性保证发展转型项目的良性循环，要通过滚动式开展，不断完善项目，形成高校非学历教育服务经济社会发展的成熟模式，最终实现高校学历教育和非学历教育共同发展，全面优化人才培养体系。

附录1　开放式访谈提纲（专家咨询用）

《中国高校非学历教育事业评价》课题访谈提纲

各相关单位和同志：

受有关方面委托，我们展开了一次调查研究，目的是了解中国高校非学历教育事业、产业、消费的现状，交流相关理论问题，以便更好地完善我国高校非学历教育政策，推动我国高校非学历教育事业、产业、消费发展。请您根据真实情况进行交流，本次调查结果只用于理论探讨，我们将对您提供的资料严格保密。感谢您的大力支持！

中国社会科学院“中国高校非学历教育事业评价”课题组

注：本课题所称高校非学历教育是指高校在学历教育之外面向社会举办的，以提升受教育者专业素质、职业技能、文化水平或者满足个人兴趣等为目的的各类培训、进修、研修、辅导等教育活动。目前高校非学历教育模式主要有五种类型。一是为商务中高层、经济成功人士和社会高端人士举办的研究生课程班、高级课程班；二是国家或省级政府部门主导的非学历教育，由高校继续教育部门承办，如国家级职教培训项目，省高职院校教师培训项目等；三是职业资格证书的非学历教育，如化工分析师的培训项目等；四是各种辅导班，如成人高考辅导班、英语考试辅导班等；五是社会企业需要的各种培训，如企业会计师的培训、农村干部的培训等项目。

1. 高校归口管理、地方政府监管和服务、国家宏观管理、行业监管和服务等监管服务因素有何影响/如何影响高校非学历教育事业？

2. 调控、激励、市场化、管理体制、运行机制、政策协调等体制机制因素有何影响/如何影响高校非学历教育事业？

3. 规范性、充分性、稳定性、规模、类型、多样性、模式、转型等发展程度因素有何影响/如何影响高校非学历教育事业？

4. 受支持度、受重视度、地位、社会环境、潜力、机遇、生源、政府需求、供给内涵、背景等发展环境因素有何影响/如何影响高校非学历教育事业？

5. 定位、导向、公益性、整体规划、理念、态度、主动性、思想政治建设等战略和文化因素有何影响/如何影响高校非学历教育事业？

6. 社会机构、公办机构、师资、管理者、项目业务人员、人员适应性、保障性、激励性等办学主体和人力资源因素有何影响/如何影响高校非学历教育事业？

7. 投入、设施、后勤保障等财务和后勤因素有何影响/如何影响高校非学历教育事业？

8. 创新、信息化、网络教学、现代化等信息化和创新因素有何影响/如何影响高校非学历教育事业？

9. 项目布局、项目开发、办学渠道拓展、内培、外引、项目师资、培训方案、网络化、招生、管理模式、师生交流等项目因素有何影响/如何影响高校非学历教育事业？

10. 模式、模块化、课程、灵活性、针对性、延展性、多元化、专业化、个性化、社会适应性、合理性、学科基础、教研等教学培养因素有何影响/如何影响高校非学历教育事业？

11. 网络、教学质量、评估体系、考核、标准、系统性、风险等质量和风险控制因素有何影响/如何影响高校非学历教育事业？

12. 内外协作、资源整合、融合化、政产学研用协调、开放协作、互补、内部协作、对外合作、不同所有制优势发挥、师资和课程融合、平台、开放性、国际化、异地办学、远程培养、产学合作、政校合作、校企协作、企业参与度、社会资源整合、政府和行业机构合作、学历与非学历衔接、资源整合等开放融合因素有何影响/如何影响高校非学历教育事业？

13. 请谈谈高校非学历教育事业的以下效应：社会效应、人才（一般技能、拔尖、应急）效应、创新效应、地方服务效应、扶助欠发达地区效应等？

高校非学历教育事业访谈点见附表1-1。

附表1-1　　高校非学历教育事业访谈点

编号	维度	指标
1	监管和服务	高校归口管理、地方政府监管和服务、国家宏观管理、行业监管和服务
2	体制机制	调控、激励、市场化、管理体制、运行机制、政策协调
3	发展程度	规范性、充分性、稳定性、规模、类型、多样性、模式、转型
4	发展环境	受支持度、受重视度、地位、社会环境、潜力、机遇、生源、政府需求、供给内涵、背景
5	战略和文化	定位、导向、公益性、整体规划、理念、态度、主动性、思想政治建设
6	办学主体和人力资源	社会机构、公办机构、师资、管理者、项目业务人员、人员适应性、保障性、激励性
7	财务和后勤	投入、设施、后勤保障
8	信息化和创新	创新、信息化、网络教学、现代化
9	项目	项目布局、项目开发、办学渠道拓展、内培、外引、项目师资、培训方案、网络化、招生、管理模式、师生交流
10	教学培养	模式、模块化、课程、灵活性、针对性、延展性、多元化、专业化、个性化、社会适应性、合理性、学科基础、教研

续表

编号	维度	指标
11	质量和风险控制	网络、教学质量、评估体系、考核、标准、系统性、风险
12	开放融合	内外协作、资源整合、融合化、政产学研用协调、开放协作、互补、内部协作、对外合作、不同所有制优势发挥、师资和课程融合、平台、开放性、国际化、异地办学、远程培养、产学合作、政校合作、校企协作、企业参与度、社会资源整合、政府和行业机构合作、学历与非学历衔接、资源整合
13	效应	社会效应、人才效应、创新效应、地方服务效应、扶助欠发达地区效应

附录2　中国高校非学历教育事业调查问卷

老师：

您好！受有关方面委托，我们展开了中国高校非学历教育事业调查，目的是了解高校非学历教育事业发展情况，以便更好地完善相关非学历教育政策，改进、优化高校和相关机构非学历教育工作。希望您根据真实情况如实填写，协助我们完成调查。本次调查结果只用于学术研究，我们将对您提供的资料严格保密。填写问卷，将耽误您宝贵时间，我们对您的大力支持深表感谢！

中国社会科学院“中国高校非学历教育事业评价”课题组

第一部分　调查问卷

填答说明：请在单选题项中选择合适的答案并打“√”，对部分填空题请如实填写相应答案，标有“可多选”的题项可多选。

一、基本情况

1. 您的性别：

A. 男　　　　　B. 女

2. 您的年龄：

A. 20—25 岁　B. 26—30 岁　C. 31—36 岁　D. 36 岁以上

3. 您的学历：

A. 博士研究生　B. 硕士研究生　C. 大学本科　D. 大学专科

4. 您的现任职务：________________

5. 您从事高校非学历教育工作的时间：____________

6. 您的职称：

A. 助教　B. 讲师　C. 副教授　D. 教授

E. 其他________________

7. 您工作的部门所属的高校非学历教育类型：

A. 独立设置的继续教育学院　B. 附属校内各院系

二、工作情况

8. 您对目前高校非学历教育总体形势的看法：

A. 很好　B. 一般　C. 不好　D. 很差

9. 您认为目前高校非学历教育存在的主要问题：

A. 观念落后　B. 质量不高　C. 生源不足　D. 经费匮乏

E. 其他________________

10. 您所在学校领导对非学历教育的重视程度：

A. 很重视　B. 重视　C. 不太重视　D. 很不重视

11. 您所任教课程是：

A. 公共课　B. 专业基础课　C. 专业课

D. 其他________________

12. 您所任教课程学生到课率：

A. 20% 以下　B. 20%—50%　C. 50%—80%　D. 80% 以上

13. 您的教学任务：

A. 很重　B. 有点重　C. 一般　D. 很少

14. 您认为您的教学方法上需要改进的地方：________________

15. 从总体上看，您认为高校非学历教育学生的学风：

A. 差　B. 较差　C. 一般　D. 较好　E. 好

16. 您认为学校的专业设置与社会需求的联系：

A. 不紧密　B. 一般　C. 紧密　D. 无法判断

17. 您认为本专业课程设置：

A. 不合理　B. 一般　C. 合理　D. 无法判断

18. 您认为学校对高校非学历教育学生的教学管理：

A. 松　B. 较松　C. 合适　D. 较严　E. 严

19. 您认为今后高等教育发展的重点是：

A. 学历教育　B. 非学历教育（培训、继续教育等）

C. 其他______________________________

20. 您认为影响高校非学历教育发展的最主要的外部环境是：

A. 社会的重视程度　B. 法律保障

C. 生源情况　D. 管理体制

E. 其他______________________________

21. 非学历教育中使用外聘师资情况：

A. 从不使用　B. 偶尔使用

C. 部分使用　D. 主要使用

22. 您认为今后一个时期高校非学历教育改革的重点：

A. 观念改变　B. 质量提高

C. 特色突出　D. 结构调整

E. 其他______________________________

本次调查到此结束，再次感谢您的支持！

如果您愿意继续参与后续的有偿调查，请留下您的联系方式（电话、QQ/微信号、邮箱等均可）：______________________________

____

第二部分　访谈提纲

1. 您对高校非学历教育的教学质量有什么看法和建议？

2. 您认为高校非学历教育的意义在哪里？

3. 您对高校非学历教育改革有什么想法？

4. 作为高校非学历教育工作者，您对自己的职业前景如何看？

5. 如果您的亲戚或者朋友准备参加高校非学历教育，您会给他们什么建议？

附录3　教育部办公厅关于印发《普通高等学校举办非学历教育管理规定（试行）》的通知

教职成厅函〔2021〕23号

各省、自治区、直辖市教育厅（教委），新疆生产建设兵团教育局，部属各高等学校、部省合建各高等学校，国家开放大学：

为贯彻落实党的十九大及十九届二中、三中、四中、五中、六中全会精神，进一步加强对普通高等学校举办非学历教育的规范管理，我部制定了《普通高等学校举办非学历教育管理规定（试行）》。现印发给你们，请遵照执行。

执行过程中出现的重要情况和问题请及时报我部（职业教育与成人教育司）。

教育部办公厅

2021年11月11日

普通高等学校举办非学历教育管理规定（试行）

第一章　总则

第一条　为加强对普通高等学校（以下简称高校）举办非学历教育的管理，根据《中华人民共和国高等教育法》制定本规定。

第二条　本规定所称非学历教育是指高校在学历教育之外面向社会举办的，以提升受教育者专业素质、职业技能、文化水平或者满足个人兴趣等为目的的各类培训、进修、研修、辅导等教育活动。以获得高等教育自学考试毕业证书为目的的自学考试辅导不在本规定的适用范围内。

第三条　非学历教育要坚持以习近平新时代中国特色社会主义思想为指导，全面贯彻党的教育方针，坚持社会主义办学方向，落实立德树人根本任务；强化公益属性，发挥市场机制作用，主动服务国家战略、经济社会发展和人的全面发展；依托学科专业优势和特色，与学校发展定位相一致、与学校办学能力相适应；坚持依法依规治理，规范办学行为，提升人才培养质量。

第四条　高校在保证完成国家下达的学历教育事业计划的前提下，方可举办非学历教育。高校举办非学历教育原则上要以自招、自办、自管为主，切实落实高校办学主体责任。

第二章　管理体制和职责

第五条　国务院教育行政部门负责非学历教育的宏观指导和统筹管理，建立健全非学历教育评价标准，完善监管体系；会同有关行业主管部门建立协同机制，加强对非学历教育的业务指导。

第六条　省级教育行政部门负责本地区非学历教育的指导、监督和管理，引导高校根据自身实际和特点优势，科学合理确定非学历教育办学规模。

第七条　高校负责本校非学历教育的发展规划、制度建设、规范办学和质量保证。高校党委应履行好管党治党、办学治校主体责任，强化基层党组织对涉及非学历教育工作的政治把关作用。高校应按照“管办分离”原则，明确归口管理部门，对非学历教育实施归口管理。归口管理部门不得设立在实际举办非学历教育的院系或部门（以下统称办学部门）。

第八条　归口管理部门负责全校非学历教育的统筹协调和规范管理，拟订非学历教育发展规划和管理制度，建立风险防控机制；对各办学部门举办的非学历教育进行立项审批；对非学历教育的招生简介、广告宣传等进行审核；对非学历教育合同事务进行管理；对非学历教育办学进行过程指导、质量监督和绩效管理；审核发放非学历教育证书等。

第九条　根据学校非学历教育发展规划，办学部门可结合自身优势特色，按照学校相关程序开展非学历教育。校内非实体性质的单位、职能管理部门、群团组织及教职员工个人不得以高校名义举办非学历教育。高校独资、挂靠、参股、合作举办的独立法人单位，不得以高校名义举办非学历教育；法人名称中带有高校全称或简称的，如举办非学历教育应纳入高校统一管理。

第三章　立项与招生

第十条　高校办学部门举办非学历教育项目均须向归口管理部门提出立项申请，经审批同意后方可开展。除保密情形外，经审批通过的项目要依法依规进行信息公开。

第十一条　高校不得以“研究生”“硕士、博士学位”等名义举办课程进修班。面向社会举办的非学历教育不得冠以“领导干部”“总裁”“精英”“领袖”等名义，不得出现招收领导干部的宣传。

第十二条　高校应严格规范非学历教育招生行为，自行组织招生，严禁委托校外机构进行代理招生。招生宣传内容必须真实、明晰、准确。

第四章　合作办学

第十三条　高校应严格控制非学历教育合作办学，确需与校外机构开展课程设计、教学实施等方面合作办学的，应对合作方背景、资质进行严格审查。如合作方涉及本校教职员工及其特定关系人的，应在立项申报时主动申明。

第十四条　合作办学要坚持高校主体地位，严禁转移、下放、出让学校的管理权、办学权、招生权和教学权，严禁项目整体外包。脱产学习超过一个月的非学历教育、受委托的领导干部培训项目，一律不得委托给社会培训机构，或与社会培训机构联合举办。

第十五条　非学历教育合作办学合同须经归口管理部门统一审批并由学校法定代表人或授权签字人签字，加盖学校公章。高校要重点对合同中合作模式、校名校誉使用、合作期限、权利义务、收益分配、违约责任等条款进行审核。

第五章　教学管理

第十六条　高校要建立非学历教育教学管理制度和质量保障机制，加强项目设计、课程研发、教学组织、效果评价等方面管理，明确教学目标和计划安排，严格学习纪律和考勤考核，加强学员管理。

第十七条　非学历教育可采取脱产、业余形式。鼓励高校创新教学模式，开展基于互联网的信息化教学和线上线下混合教学。

第十八条　高校要加强非学历教育教学资源建设，健全开发使用标准、程序和审核评价机制。鼓励高校组织优秀师资开发高水平非学历教育教学资源。

第十九条　高校非学历教育结业证书应由归口管理部门统一制作、分类连续编号，与学历教育证书明显区别。高校要建立规范的结业证书审核与申领机制，做好结业申请材料的收集与归档。结业证书应当载明修业时段和学业内容。

第六章　财务管理

第二十条　高校要按照国家及高校所在省份主管部门的规定，建立健全非学历教育财务管理制度，规范管理、防范风险。

第二十一条　对没有明确政府定价或政府指导价的项目，高校应根据当地经济社会发展水平和培养成本合理确定收费标准。面向社会公开招生的项目，收费标准应向社会公示，自觉接受监督。涉及收费减免的，应严格履行收费减免审批程序。

第二十二条　非学历教育办学所有收入纳入学校预算，统一核算，统一管理，任何单位或个人不得隐瞒、截留、占用、挪用和坐支。高校不得授权任何单位或个人代收费，不得以接受捐赠等名义乱收费。严禁合作方以任何名义收取费用。

第二十三条　非学历教育经费支出执行国家有关财务规章制度和学校有关经费支出管理规定。属于政府采购范围的，要严格执行政府采购相关规定。使用校内资源的，要执行学校资源有偿使用相关规定。非学历教育的课酬、劳务费等酬金统一由学校财务部门据实支付。

第七章　条件保障

第二十四条　高校要加强非学历教育师资和管理队伍建设，强化师德师风建设，选聘、培育优秀人才参与非学历教育工作；要设定授课师资准入条件，动态调整师资库，完善非学历教育绩效管理制度。聘用外籍人员需符合国家有关规定。

第二十五条　高校要优化资源配置，不断改善非学历教育办学及食宿条件。鼓励将学校运动场馆、图书馆、实验室等资源向非学历教育学员开放。

第二十六条　举办非学历教育需符合场地、消防、食品、卫生、网络信息等方面的安全要求，建立健全安全管理制度和应急预警处理机制，防范各类安全责任事故发生。

第八章 监督管理与处罚

第二十七条 高校要建立非学历教育中长期规划编制、年度执行情况审查、财务审计、监督检查机制，并纳入学校党委（常委）会议事项和“三重一大”决策范畴。

第二十八条 高校要建立覆盖非学历教育立项、研发、招生、收费、教学、评价、发证等各环节的质量管理体系，实现办学过程受监控、可追溯。高校非学历教育办学情况纳入继续教育发展年度报告工作，主动向社会公开。年度办学情况明细应报省级教育行政部门备案。

第二十九条 高校财务、审计、教师管理、学生管理、巡视巡察、纪检监察等部门要将非学历教育监督检查纳入日常工作，建立工作机制，通过日常监管、专项检查等多种方式强化监督制约，维护财经纪律，保障教学秩序，防范腐败风险。

第三十条 各省级教育行政部门要完善本地区高校非学历教育管理制度，建立办学质量抽查和评估机制，强化指导和监管。

第三十一条 主管教育行政部门要建立工作责任制和责任追究制度，依法依规严肃处理高校非学历教育办学过程中的违规违纪违法问题。

（一）对不按本规定执行的高校，或不具备教学条件、办学投入不足、教学质量低下的高校，责令限期整改；对拒不履行职责、推诿、敷衍、拖延的，应公开通报批评，并追究有关责任人责任。

（二）对弄虚作假，蒙骗学员，借办学之名营私牟利的，应责令高校立即整改，退还所收费用，并对主要责任者和其他直接责任人员依法依规给予处分。构成犯罪的，依法追究刑事责任。

第九章 附则

第三十二条 职业高等学校、独立设置的成人高等学校、开放大学举办非学历教育参照本规定执行。

第三十三条　高校面向特定行业、特定地域、特定群体举办的非学历教育，须同时遵守相关规定。

第三十四条　本规定的解释权属教育部。

第三十五条　本规定自发布之日起施行。

附录4　相关统计数据

附表4－1　　非学历教育结业生数　　单位：万人

指标	2017年	2015年	2014年	2013年	2012年	2011年	2010年	2009年
各级各类非学历教育结业生数	5724.9115	5816.6130	6004.7595	6274.1102	6315.5796	6519.6816	6698.9254	6644.4523
高等教育结业生数	980.8395	907.5383	920.2798	933.7748	778.5349	677.1796	712.5550	531.7020
研究生课程进修班结业生数	0.9244	3.1260	3.4836	4.8329	5.0284	4.8873	4.8290	4.6803
自考助学班结业生数	11.6214	13.0855	14.9228	19.4882	18.4933	24.2067	19.4889	19.6768
普通预科生结业生数	—	—	—	—	—	—	—	—
高等教育进修及培训结业生数	968.2937	891.3268	901.8734	909.4537	755.0132	648.0856	688.2371	507.3449
高等教育资格证书培训结业生数	223.4987	242.6509	223.3496	235.1305	225.0573	201.7012	131.5510	109.4037

续表

指标	2017 年	2015 年	2014 年	2013 年	2012 年	2011 年	2010 年	2009 年
高等教育岗位证书培训结业生数	248.5345	276.8653	251.7423	250.4684	215.9604	178.5514	106.9856	118.4880
中等职业教育结业生数	4744.0720	4909.0747	5084.4797	5340.3354	5537.0447	5842.5020	5986.3704	6112.7503
中等职业教育资格证书培训结业生数	763.7800	775.9000	828.3000	869.3000	863.1000	761.4300	579.2600	601.4700
中等职业教育岗位证书培训结业生数	1126.6700	1224.0800	1182.1200	1278.2000	1227.2100	979.8600	679.2600	700.2100
中等职业学校结业生数	464.0000	529.5800	604.9500	624.7400	713.6800	695.9100	734.0800	682.2400
中等职业学校资格证书培训结业生数	173.0700	204.7200	249.0000	246.7500	268.3500	264.6800	208.8500	198.2300
中等职业学校岗位证书培训结业生数	154.7600	169.6500	185.8200	204.8400	208.8100	201.9000	172.9000	169.3300
职业技术培训机构结业生数	4280.0768	4379.4966	4479.5293	4715.5968	4823.3605	5146.5876	5252.2921	5430.5125
职业技术培训机构资格证书培训结业生数	590.7100	571.1900	579.3000	622.5500	594.7500	496.7500	370.4000	403.2500
职业技术培训机构岗位证书培训结业生数	971.9100	1054.4300	996.3100	1073.3500	1018.3900	777.9600	506.3600	530.8800

注：2016 年相应统计数据缺乏。

资料来源：国家统计局。

附表4－2　　非学历教育注册生数　　单位：万人

指标	2017年	2015年	2014年	2013年	2012年	2011年	2010年	2009年
各级各类非学历教育注册生数	5465.67	5287.37	5350.33	5593.21	5364.65	5838.22	5624.81	5700.67
高等教育注册生数	927.37	725.84	736.66	678.56	394.84	405.14	332.89	289.46
研究生课程进修班注册生数	1.22	3.48	5.64	6.93	7.38	6.71	6.50	6.86
自考助学班注册生数	23.01	28.98	37.62	40.53	39.74	47.04	59.50	69.65
普通预科生注册生数	4.54	5.00	4.45	4.25	3.77	3.23	3.20	3.06
高等教育进修及培训注册生数	898.60	688.37	688.95	626.84	343.95	348.16	263.69	209.88
高等教育资格证书培训注册生数	225.24	230.34	207.87	198.00	106.30	89.38	41.07	40.91
高等教育岗位证书培训注册生数	218.83	188.33	211.66	171.31	69.62	97.63	36.45	69.82
中等职业教育注册生数	4538.30	4561.53	4613.67	4914.65	4969.81	5433.08	5291.91	5411.21
中等职业教育资格证书培训注册生数	727.46	718.64	735.63	802.84	757.76	646.16	452.54	477.97
中等职业教育岗位证书培训注册生数	1055.05	1122.14	1070.45	1167.03	1050.01	844.18	524.93	536.89
中等职业学校注册生数	331.81	343.14	375.95	398.69	402.46	411.96	366.91	398.19
中等职业学校资格证书培训注册生数	140.62	150.40	161.73	175.77	176.98	163.09	105.15	110.72

续表

指标	2017年	2015年	2014年	2013年	2012年	2011年	2010年	2009年
中等职业学校岗位证书培训注册生数	112.33	103.81	112.52	118.28	109.42	105.53	83.21	86.96
职业技术培训机构注册生数	4206.49	4218.39	4237.72	4515.96	4567.35	5021.12	4925.00	5013.03
职业技术培训机构资格证书培训注册生数	586.84	568.24	573.90	627.07	580.78	483.06	347.38	367.25
职业技术培训机构岗位证书培训注册生数	942.73	1018.33	957.93	1048.75	940.59	738.65	441.72	449.93

资料来源：国家统计局。

附表4-3　　各级学校生师比

年份	小学生师比(教师人数=1)	初中生师比(教师人数=1)	普通高中生师比(教师人数=1)	职业高中生师比(教师人数=1)	普通中专生师比(教师人数=1)	普通高校生师比(教师人数=1)	本科院校生师比(教师人数=1)	专科院校生师比(教师人数=1)
2021	16.33	12.64	12.84	—	—	18.54	—	—
2020	16.67	12.73	12.90	—	—	18.37	—	—
2019	16.85	12.88	12.99	—	—	17.95	—	—
2018	16.97	12.79	13.10	—	—	17.56	—	—
2017	16.98	12.52	13.39	—	—	17.52	—	—
2016	17.12	12.41	13.65	—	—	17.07	—	—
2015	17.05	12.41	14.01	—	—	17.73	—	—
2014	16.78	12.57	14.44	—	—	17.68	—	—
2013	16.76	12.76	14.95	—	—	17.53	—	—
2012	17.36	13.59	15.47	—	—	17.52	17.98	17.33

续表

年份	小学生师比(教师人数=1)	初中生师比(教师人数=1)	普通高中生师比(教师人数=1)	职业高中生师比(教师人数=1)	普通中专生师比(教师人数=1)	普通高校生师比(教师人数=1)	本科院校生师比(教师人数=1)	专科院校生师比(教师人数=1)
2011	17.71	14.38	15.77	21.59	31.53	17.42	17.48	17.28
2010	17.70	14.98	15.99	23.66	26.10	17.33	17.38	17.21
2009	17.88	15.47	16.30	23.65	27.82	17.27	17.23	17.35
2008	18.38	16.07	16.78	23.47	31.27	17.23	17.21	17.27
2007	18.82	16.52	17.48	23.50	31.39	17.28	17.31	17.20
2006	19.17	17.15	18.13	22.16	31.67	17.93	17.61	18.26
2005	19.43	17.80	18.54	20.62	31.02	16.85	17.75	14.78
2004	19.98	18.65	18.65	19.10	28.13	16.22	17.44	13.15
2003	20.50	19.13	18.35	—	—	17.00	—	—
2002	21.04	19.25	17.80	—	—	19.00	—	—

资料来源：国家统计局。

附表 4-4　　研究生和留学人员数　　单位：万人

年份	研究生招生数	研究生在学人数	研究生毕业生数	出国留学人员	学成回国留学人员
2021	117.6526	333.2373	77.2761	—	—
2020	110.6551	313.9598	72.8627	—	—
2019	91.6503	286.3712	63.9666	70.3500	58.0300
2018	85.7966	273.1257	60.4368	66.2100	51.9400
2017	80.6103	263.9561	57.8045	60.8400	48.0900
2016	66.7064	198.1051	56.3938	54.4500	43.2500

续表

年份	研究生招生数	研究生在学人数	研究生毕业生数	出国留学人员	学成回国留学人员
2015	64.5055	191.1406	55.1522	52.3700	40.9100
2014	62.1323	184.7689	53.5863	45.9800	36.4800
2013	61.1381	179.3953	51.3626	41.3900	35.3500
2012	58.9673	171.9818	48.6455	39.9600	27.2900
2011	56.0168	164.5845	42.9994	33.9700	18.6200
2010	53.8177	153.8416	38.3600	28.4700	13.4800
2009	51.0953	140.4942	37.1273	22.9300	10.8300
2008	44.6422	128.3046	34.4825	17.9800	6.9300
2007	41.8612	119.5047	31.1839	14.4000	4.4000
2006	39.7925	110.4653	25.5902	13.4000	4.2000
2005	36.4831	97.8610	18.9728	11.8515	3.4987
2004	32.6286	81.9896	15.0777	11.4682	2.4726
2003	26.8925	65.1260	11.1091	11.7307	2.0152
2002	20.2611	50.0980	8.0841	12.5179	1.7945

资料来源：国家统计局。

附表4-5　培训机构教职工数　　单位：万人

指标	2013年	2012年	2011年	2010年	2009年	2008年	2007年	2006年	2005年	2004年
职业技术培训机构教职工数	48.22	50.66	52.18	47.31	49.59	49.58	52.80	50.70	52.62	51.45

续表

指标	2013年	2012年	2011年	2010年	2009年	2008年	2007年	2006年	2005年	2004年
职工技术培训学校（机构）教职工数	6.21	6.00	6.75	4.69	4.59	4.50	6.55	4.26	5.06	3.47
教育部门和集体办职工技术培训学校（机构）教职工数	3.94	4.02	4.58	2.69	2.44	2.46	4.04	1.93	2.84	1.71
其他部门办职工技术培训学校（机构）教职工数	1.25	1.23	1.25	1.21	1.28	1.14	1.34	1.08	0.96	1.22
民办职工技术培训学校（机构）教职工数	1.02	0.75	0.92	0.79	0.87	0.89	1.16	1.25	1.26	0.54
农村成人文化技术培训学校（机构）教职工数	16.73	17.03	18.85	19.02	21.26	21.83	22.37	23.26	25.07	27.05
教育部门和集体办农村成人文化技术培训学校（机构）教职工数	15.66	16.14	18.08	18.30	20.42	21.02	21.42	22.49	23.30	26.01
县办农村成人文化技术培训学校（机构）教职工数	2.01	1.72	1.79	1.62	1.58	1.43	1.16	1.18	1.07	1.18
乡办农村成人文化技术培训学校（机构）教职工数	5.88	6.04	6.76	7.07	6.85	7.18	7.29	7.31	7.61	8.55

续表

指标	2013年	2012年	2011年	2010年	2009年	2008年	2007年	2006年	2005年	2004年
村办农村成人文化技术培训学校（机构）教职工数	7.77	8.39	9.53	9.61	11.99	12.41	12.97	14.00	14.62	16.28
其他部门办农村成人文化技术培训学校（机构）教职工数	0.61	0.41	0.34	0.49	0.53	0.45	0.62	0.41	0.64	0.70
民办农村成人文化技术培训学校（机构）教职工数	0.46	0.48	0.43	0.22	0.32	0.36	0.33	0.36	1.13	0.34
其他培训机构（含社会培训机构）教职工数	25.28	27.63	26.58	23.60	23.74	23.26	23.89	23.19	22.50	20.93
教育部门和集体办其他培训机构（含社会培训机构）教职工数	1.29	1.54	1.09	1.14	1.55	1.43	1.25	1.23	1.49	1.40
其他部门办其他培训机构（含社会培训机构）教职工数	2.52	2.69	1.76	1.64	1.31	1.93	1.36	1.89	1.15	2.13
民办其他培训机构（含社会培训机构）教职工数	21.47	23.40	23.73	20.83	20.87	19.90	21.27	20.06	19.85	17.41

资料来源：国家统计局。

附表 4 – 6　　培训机构结业生数　　单位：万人

指标	2013年	2012年	2011年	2010年	2009年	2008年	2007年	2006年	2005年	2004年
职业技术培训机构结业生数	4715. 5968	4823. 3605	5146. 5876	5252. 2921	5430. 5125	5720. 9955	6003. 1763	5733. 6156	5934. 1880	6176. 9903
职工技术培训学校（机构）结业学生数	294. 5600	294. 6100	330. 2900	306. 7000	302. 7900	269. 3100	264. 6600	225. 1900	193. 3700	248. 0300
教育部门和集体办职工技术培训学校（机构）结业学生数	142. 4900	140. 3200	180. 3700	148. 3100	136. 0800	104. 8300	111. 8200	108. 1300	105. 3700	138. 9300
其他部门办职工技术培训学校（机构）结业学生数	124. 6700	128. 8100	114. 0300	128. 8800	140. 0400	133. 7000	118. 5400	84. 3500	61. 2300	90. 5500
民办职工技术培训学校（机构）结业学生数	27. 4000	25. 4800	35. 8900	29. 5200	26. 6700	30. 7900	34. 3100	32. 7000	26. 7600	18. 5400
农村成人文化技术培训学校（机构）结业学生数	3416. 0400	3563. 1900	3794. 6900	3813. 0600	4130. 6700	4358. 2200	4670. 3500	4520. 5800	4793. 1800	5127. 2000
教育部门和集体办农村成人文化技术培训学校（机构）结业学生数	3189. 0900	3407. 6600	3679. 1300	3711. 7100	4007. 1800	4241. 0700	4553. 7500	4427. 7500	4687. 0500	4921. 2600
县办农村成人文化技术培训学校（机构）结业学生数	309. 4000	355. 2300	309. 2900	262. 8400	181. 3300	150. 6700	121. 4200	134. 2800	124. 7000	210. 1900

续表

指标	2013年	2012年	2011年	2010年	2009年	2008年	2007年	2006年	2005年	2004年
乡办农村成人文化技术培训学校(机构)结业学生数	1576. 9500	1644. 5500	1834. 2700	1829. 8600	1910. 5600	2047. 7000	2108. 8800	1978. 9500	2005. 3600	2045. 4900
村办农村成人文化技术培训学校(机构)结业学生数	1302. 7400	1407. 8800	1535. 5600	1619. 0200	1915. 2900	2042. 6900	2323. 4500	2314. 5100	2556. 9800	2665. 5800
其他部门办农村成人文化技术培训学校(机构)结业学生数	200. 1400	133. 4000	97. 4000	91. 8500	93. 9600	90. 7100	99. 5400	82. 7300	72. 6800	197. 5500
民办农村成人文化技术培训学校(机构)结业学生数	26. 8100	22. 1300	18. 1500	9. 5000	29. 5300	26. 4400	17. 0700	10. 1100	33. 4500	8. 3900
其他培训机构(含社会培训机构)结业学生数(万人)	1005. 0000	965. 5600	1021. 6100	1132. 5300	997. 0500	1093. 4600	1068. 1600	987. 8500	947. 6400	801. 7700
教育部门和集体办其他培训机构(含社会培训机构)结业学生数	111. 6900	87. 6200	99. 1500	91. 6700	88. 1500	118. 4000	74. 7800	82. 6100	99. 9000	71. 9800
其他部门办其他培训机构(含社会培训机构)结业学生数	152. 7800	146. 0300	179. 5600	208. 0100	153. 3500	203. 2400	118. 0700	117. 9300	88. 0600	127. 1600
民办其他培训机构(含社会培训机构)结业学生数	740. 5300	731. 9100	742. 9100	832. 8500	755. 5500	771. 8200	875. 3100	787. 3100	759. 6800	602. 6300

资料来源：国家统计局。

附表 4－7　　培训机构学校数　　单位：所

指标	2013年	2012年	2011年	2010年	2009年	2008年	2007年	2006年	2005年	2004年
职业技术培训机构学校数	112293	123766	129530	129447	153128	162049	178900	177686	198566	217143
职工技术培训学校（机构）学校数	2982	2768	3049	2543	3108	3385	3719	3177	4230	4301
教育部门和集体办职工技术培训学校（机构）学校数	1172	1052	1392	904	1203	1318	1252	999	1321	1583
其他部门办职工技术培训学校（机构）学校数	1145	1193	919	736	1060	1012	1069	1010	1014	2079
民办职工技术培训学校（机构）学校数	665	523	738	903	845	1055	1398	1168	1895	639
农村成人文化技术培训学校（机构）学校数	89014	100009	103420	106689	129443	137827	153303	150955	166601	191704
教育部门和集体办农村成人文化技术培训学校（机构）学校数	85245	96887	100206	104394	126189	134245	149208	147492	160924	184770
县办农村成人文化技术培训学校（机构）学校数	2349	2280	2403	1717	2107	1599	1262	1426	1071	1694

续表

指标	2013年	2012年	2011年	2010年	2009年	2008年	2007年	2006年	2005年	2004年
乡办农村成人文化技术培训学校(机构)学校数	14306	16443	16419	17252	18341	19918	19880	22064	23799	27096
村办农村成人文化技术培训学校(机构)学校数	68590	78164	81384	85425	105741	112728	128066	124002	136054	155980
其他部门办农村成人文化技术培训学校(机构)学校数	2721	2553	2434	1926	2456	2652	3271	2439	3756	6042
民办农村成人文化技术培训学校(机构)学校数	1048	569	780	369	798	930	824	1024	1921	892
其他培训机构(含社会培训机构)学校数	20297	20989	23061	20215	20577	20837	21878	23554	27735	21138
教育部门和集体办其他培训机构(含社会培训机构)学校数	776	822	922	1006	835	857	689	794	959	1185
其他部门办其他培训机构(含社会培训机构)学校数	1130	1104	2254	2140	1990	2386	1089	1482	1544	2060
民办其他培训机构(含社会培训机构)学校数	18391	19063	19885	17069	17752	17594	20100	21278	25232	17893

资料来源：国家统计局。

附表 4 -8　　培训机构注册学生数　　单位：万人

指标	2013年	2012年	2011年	2010年	2009年	2008年	2007年	2006年	2005年	2004年
职业技术培训机构注册学生数	4515. 96	4567. 35	5021. 12	4925. 00	5013. 03	5019. 54	5067. 74	5078. 65	4882. 71	5748. 14
职工技术培训学校(机构)注册学生数	305. 51	292. 50	336. 50	308. 21	295. 65	267. 53	251. 60	192. 11	172. 34	185. 23
教育部门和集体办职工技术培训学校(机构)注册学生数	144. 95	136. 21	181. 11	147. 77	127. 83	103. 33	102. 66	81. 44	95. 05	98. 67
其他部门办职工技术培训学校(机构)注册学生数	130. 19	135. 24	119. 33	132. 65	142. 02	133. 84	114. 02	78. 55	50. 20	68. 82
民办职工技术培训学校(机构)注册学生数	30. 36	21. 04	36. 06	27. 79	25. 80	30. 36	34. 92	32. 12	27. 08	17. 74
农村成人文化技术培训学校(机构)注册学生数	3043. 04	3176. 08	3496. 95	3424. 22	3723. 91	3694. 83	3787. 66	3842. 36	3729. 34	4684. 23
教育部门和集体办农村成人文化技术培训学校(机构)注册学生数	2869. 31	3059. 03	3402. 48	3342. 09	3611. 99	3584. 96	3673. 58	3745. 54	3596. 88	4468. 24
县办农村成人文化技术培训学校(机构)注册学生数	300. 62	336. 28	279. 77	283. 54	188. 89	138. 95	116. 45	125. 20	96. 65	837. 56

续表

指标	2013年	2012年	2011年	2010年	2009年	2008年	2007年	2006年	2005年	2004年
乡办农村成人文化技术培训学校（机构）注册学生数	1411.92	1460.54	1674.95	1618.17	1695.21	1672.57	1687.07	1691.77	1538.31	1585.25
村办农村成人文化技术培训学校（机构）注册学生数	1156.76	1262.21	1447.76	1440.38	1727.89	1773.44	1870.06	1928.57	1961.92	2045.43
其他部门办农村成人文化技术培训学校（机构）注册学生数	145.32	96.99	75.98	73.50	81.19	83.66	96.13	84.73	74.75	204.26
民办农村成人文化技术培训学校（机构）注册学生数	28.41	20.07	18.50	8.64	30.73	26.20	17.95	12.09	57.71	11.74
其他培训机构（含社会培训机构）注册学生数	1167.42	1098.77	1187.66	1192.57	993.47	1057.18	1028.48	1044.18	981.03	878.67
教育部门和集体办其他培训机构（含社会培训机构）注册学生数	118.56	101.35	103.73	96.56	85.30	111.01	77.10	88.38	102.87	82.12
其他部门办其他培训机构（含社会培训机构）注册学生数	164.07	177.89	183.03	202.66	119.77	167.97	119.57	123.18	73.45	146.98
民办其他培训机构（含社会培训机构）注册学生数	884.78	819.53	900.9	893.35	788.39	778.20	831.81	832.62	804.71	649.57

资料来源：国家统计局。

附表 4－9　　培训机构专任教师数　　单位：万人

指标	2013年	2012年	2011年	2010年	2009年	2008年	2007年	2006年	2005年	2004年
职业技术培训机构专任教师数	27.43	28.22	29.83	24.23	25.24	25.29	26.38	25.85	25.6	23.43
职工技术培训学校（机构）专任教师数	4.56	4.31	4.79	3.09	3.14	3.24	3.38	2.84	2.85	2.1
教育部门和集体办职工技术培训学校（机构）专任教师数	3.1	2.99	3.38	1.89	1.78	1.86	1.81	1.37	1.36	1.08
其他部门办职工技术培训学校（机构）专任教师数	0.79	0.81	0.8	0.7	0.75	0.74	0.83	0.64	0.6	0.64
民办职工技术培训学校（机构）专任教师数	0.66	0.51	0.61	0.5	0.61	0.64	0.75	0.83	0.9	0.38
农村成人文化技术培训学校（机构）专任教师数	9.01	8.78	9.45	9.2	9.7	10.07	10.28	10.31	10.88	10.64
教育部门和集体办农村成人文化技术培训学校（机构）专任教师数	8.43	8.32	8.95	8.8	9.24	9.62	9.72	9.87	10.15	10.01
县办农村成人文化技术培训学校（机构）专任教师数	1.49	1.11	1.13	1.02	1.03	0.95	0.71	0.63	0.62	0.72

续表

指标	2013年	2012年	2011年	2010年	2009年	2008年	2007年	2006年	2005年	2004年
乡办农村成人文化技术培训学校(机构)专任教师数	3.44	3.4	3.78	3.6	3.57	3.76	3.96	3.86	3.77	3.97
村办农村成人文化技术培训学校(机构)专任教师数	3.5	3.81	4.04	4.17	4.65	4.91	5.05	5.39	5.76	5.32
其他部门办农村成人文化技术培训学校(机构)专任教师数	0.31	0.2	0.19	0.23	0.25	0.22	0.3	0.15	0.26	0.36
民办农村成人文化技术培训学校(机构)专任教师数	0.27	0.26	0.3	0.16	0.21	0.23	0.26	0.29	0.47	0.26
其他培训机构(含社会培训机构)专任教师数	13.86	15.14	15.6	11.94	12.4	11.97	12.72	12.7	11.86	10.7
教育部门和集体办其他培训机构(含社会培训机构)专任教师数	0.87	0.93	0.8	0.67	0.94	0.86	0.91	0.83	0.72	0.72
其他部门办其他培训机构(含社会培训机构)专任教师数	0.96	0.82	0.96	0.81	0.78	1.32	0.93	1.28	0.6	0.99
民办其他培训机构(含社会培训机构)专任教师数	12.03	13.38	13.84	10.47	10.67	9.8	10.88	10.58	10.55	8.98

资料来源：国家统计局。

附表 4－10　　普通高等学校教职工数

单位：万人

年份	普通高等学校教职工总数	普通高等学校校本部教职工数	普通高等学校专任教师数	普通高等学校正高级专任教师数	普通高等学校副高级专任教师数	普通高等学校中级专任教师数	普通高等学校初级专任教师数	普通高等学校无职称专任教师数	普通高等学校校本部行政人员数	普通高等学校校本部教辅人员数	普通高等学校校本部工勤人员数
2021	275.1229	—	186.5541	24.4132	55.5873	70.5491	19.5753	16.4292	39.2600	24.3400	12.7000
2020	266.8708	256.1100	183.2982	24.2951	55.0705	69.8705	19.0277	15.0344	37.5700	22.8600	12.3800
2019	256.6705	246.2800	174.0145	22.9157	52.5371	67.3857	18.0196	13.1564	36.6700	22.6900	12.9000
2018	248.7544	238.4200	167.2753	21.7874	50.4719	65.5883	17.8390	11.5887	35.6200	22.3400	13.1800
2017	244.2995	233.7000	163.3000	20.8917	49.0184	64.4154	18.1785	10.8208	34.3200	22.0800	13.9700
2016	240.4784	229.6200	160.2000	20.2154	47.3801	63.6438	18.8893	10.0682	33.1500	21.6500	14.6200
2015	236.9326	225.8300	157.3000	19.6038	46.2825	62.7635	19.1774	9.4293	32.3400	21.0500	15.1700
2014	233.5723	221.8600	153.5000	18.9136	44.8625	61.3729	19.5763	8.7257	31.8500	20.6300	15.9200
2013	229.6262	217.9300	149.7000	18.1501	43.2356	59.6954	20.3713	8.2341	31.2600	20.5300	16.4600
2012	225.4372	212.4100	144.0000	16.9423	41.2692	57.6013	20.9811	7.2353	30.9500	20.6100	16.8200

续表

年份	普通高等学校教职工总数	普通高等学校校本部教职工数	普通高等学校专任教师数	普通高等学校正高级专任教师数	普通高等学校副高级专任教师数	普通高等学校中级专任教师数	普通高等学校初级专任教师数	普通高等学校无职称专任教师数	普通高等学校校本部行政人员数	普通高等学校校本部教辅人员数	普通高等学校校本部工勤人员数
2011	220. 4819	207. 7100	139. 3000	15. 9691	39. 4689	54. 9921	21. 8431	6. 9944	30. 4000	20. 5200	17. 5200
2010	215. 6601	202. 0500	134. 3000	14. 8552	37. 7225	51. 6938	23. 1099	6. 9313	29. 7700	20. 3300	17. 6300
2009	211. 1451	196. 6500	129. 5000	13. 8161	36. 0675	47. 7541	24. 7962	7. 0909	29. 2000	19. 9700	17. 9500
2008	205. 1029	189. 8100	123. 7451	12. 8966	34. 2699	43. 5640	25. 8320	7. 1826	28. 5700	19. 4400	18. 0500
2007	197. 4526	—	116. 8000	11. 9651	32. 6300	39. 4449	25. 6962	7. 0938	—	—	—
2006	187. 2601	—	107. 6000	10. 8856	30. 4830	35. 2210	23. 9482	7. 0611	—	—	—
2005	174. 2073	—	96. 6000	—	—	—	—	—	—	—	—
2004	161. 0658	—	85. 8000	—	—	—	—	—	—	—	—
2003	145. 3000	—	72. 5000	7. 0063	21. 6161	24. 0555	14. 6092	5. 1787	—	—	—
2002	130. 3600	—	61. 8000	6. 0210	18. 6293	21. 0992	12. 0229	4. 0695	—	—	—

资料来源：国家统计局。

附表 4－11 普通高等学校学生数

单位：所、万人

年份	普通高等学校数	普通高等学校招生数	普通高等学校本科招生数	普通高等学校专科招生数	普通高等学校在校学生数	普通高等学校本科在校学生数	普通高等学校专科在校学生数	普通高等学校预计毕业生数	普通高等学校本科预计毕业生数	普通高等学校专科预计毕业生数	普通高等学校毕（结）业生数	普通高等学校本科毕（结）业生数	普通高等学校专科毕（结）业生数	普通高等学校本专科授予学位数
2021	2756	1001. 3151	444. 5969	552. 5801	3496. 1307	1893. 1044	1590. 0966	1006. 8273	484. 7707	521. 1278	826. 5064	428. 0970	398. 4094	424. 9274
2020	2738	967. 4518	443. 1154	524. 3364	3285. 2948	1825. 7460	1459. 5488	854. 0006	444. 2318	409. 7688	797. 1991	420. 5097	376. 6894	416. 9808
2019	2688	914. 9026	431. 2880	483. 6146	3031. 5262	1750. 8204	1280. 7058	819. 9075	434. 3591	385. 5484	758. 5298	394. 7157	363. 8141	389. 1750
2018	2663	790. 9931	422. 1590	368. 8341	2831. 0348	1697. 3343	1133. 7005	787. 6732	412. 5184	375. 1548	753. 3087	386. 8358	366. 4729	380. 7417
2017	2631	761. 5000	410. 7534	350. 7000	2753. 6000	1648. 6320	1105	780. 4685	403. 1331	377. 3354	735. 8000	384. 1839	351. 6000	377. 1039
2016	2596	748. 6000	405. 4007	343. 2000	2695. 8000	1612. 9535	1082. 9000	759. 5176	399. 1586	360. 3590	704. 2000	374. 3680	329. 8000	365. 9686
2015	2560	737. 8000	389. 4184	348. 4000	2625. 3000	1576. 6848	1048. 6000	725. 4599	387. 9845	337. 4754	680. 9000	358. 5940	322. 3000	350. 3230
2014	2529	721. 4000	383. 4152	338. 0000	2547. 7000	1541. 0653	1006. 6000	699. 8928	370. 1175	329. 7753	659. 4000	341. 3787	318. 0000	333. 8323
2013	2491	699. 8000	381. 4331	318. 4000	2468. 1000	1494. 4353	973. 6000	673. 7474	349. 7450	324. 0024	638. 7000	319. 9716	318. 7000	313. 0415
2012	2442	688. 8000	374. 0574	314. 8000	2391. 3000	1427. 0888	964. 2000	651. 7623	323. 1125	328. 6498	624. 7000	303. 8473	320. 9000	296. 6148

续表

年份	普通高等学校数	普通高等学校招生数	普通高等学校本科招生数	普通高等学校专科招生数	普通高等学校在校学生数	普通高等学校本科在校学生数	普通高等学校专科在校学生数	普通高等学校预计毕业生数	普通高等学校本科预计毕业生数	普通高等学校专科预计毕业生数	普通高等学校毕（结）业生数	普通高等学校本科毕（结）业生数	普通高等学校专科毕（结）业生数	普通高等学校本专科授予学位数
2011	2409	681. 5000	356. 6411	324. 9000	2308. 5000	1349. 6577	958. 9000	636. 1179	311. 3087	324. 8092	608. 2000	279. 6229	328. 5000	270. 7934
2010	2358	661. 8000	351. 2563	310. 5000	2231. 8000	1265. 6132	966. 2000	619. 0661	286. 8211	332. 2450	575. 4000	259. 0535	316. 4000	243. 5867
2009	2305	639. 5000	326. 1081	313. 4000	2144. 7000	1179. 8511	964. 8000	587. 4139	266. 2960	321. 1179	531. 1000	245. 5359	285. 6000	229. 8200
2008	2263	607. 7000	297. 0601	310. 6000	2021. 0000	1104. 2207	916. 8000	541. 8109	252. 8494	288. 9615	511. 9498	225. 6783	286. 3000	208. 2558
2007	1908	565. 9000	282. 0971	283. 8000	1884. 9000	1024. 3030	860. 6000	523. 5175	232. 4882	291. 0293	447. 8000	199. 5944	248. 2000	182. 0516
2006	1867	546. 1000	253. 0854	293. 0000	1738. 8000	943. 3395	795. 5000	458. 7743	205. 6794	253. 0949	377. 5000	172. 6674	204. 8000	156. 5549
2005	1792	504. 5000	236. 3647	268. 1000	1561. 8000	848. 8188	713. 000	388. 1031	178. 5706	209. 5325	306. 8000	146. 5786	160. 2000	130. 9692
2004	1731	447. 3000	209. 9151	237. 4000	1333. 5000	737. 8436	595. 7000	—	—	239. 1000	119. 6290	119. 5000	—	—
2003	1552	382. 2000	182. 5262	199. 6000	1108. 6000	629. 2089	479. 4000	—	—	—	187. 7000	92. 9598	94. 8000	—
2002	1396	320. 5000	158. 7939	89. 1000	903. 4000	527. 0845	193. 4000	—	—	—	133. 7000	65. 5763	27. 7000	—

资料来源：国家统计局。

附表 4－12 各类国家财政性教育经费

单位：万元

指标	2011 年	2010 年	2009 年	2008 年	2007 年	2006 年	2005 年	2004 年	2003 年	2002 年
国家财政性教育经费	185867009	146700670	122310935	104496296	82802142	63483648	51610759	44658575	38506237	34914048
高等学校国家财政性教育经费	40963277	29653206	23273842	20624560	16481188	—	11285356	10098392	8768737	7875176
普通高等学校国家财政性教育经费	40234989	29018026	22645083	20035116	15983187	—	10908369	9697909	8405779	7521463
成人高等学校国家财政性教育经费	728288	635181	628760	589445	498001	—	376987	400483	362957	353713
中等职业学校国家财政性教育经费	12590644	9682826	8141848	6822714	5121957	—	—	—	—	—
中等专业学校国家财政性教育经费	5671922	4151336	3307110	2658848	1951638	—	1439488	1412520	1395182	1356575
职业高中国家财政性教育经费	5062497	3927611	3465887	3089551	2280925	—	—	—	—	—
技工学校国家财政性教育经费	1236388	1070922	878354	640771	518894	—	275105	233525	228395	196714

续表

指标	2011 年	2010 年	2009 年	2008 年	2007 年	2006 年	2005 年	2004 年	2003 年	2002 年
成人中专学校国家财政性教育经费	619837	532957	490497	433543	370500	—	262664	253472	228878	226145
中学国家财政性教育经费	57114550	44774412	38343767	32146828	25360850	—	16440048	14001339	11922063	10623979
普通中学国家财政性教育经费	57023628	44742044	38311850	32120256	25338822	—	16424224	13988197	11909022	10613313
普通高中国家财政性教育经费	17999617	13218350	11093407	9612420	7948195	—	—	—	—	—
普通初中国家财政性教育经费	39024011	31523694	27218443	22507836	17390627	—	—	—	—	—
农村普通初中国家财政性教育经费	22308622	18421822	16313520	13572234	10323297	—	—	—	—	—
成人中学国家财政性教育经费	90922	32368	31917	26572	22029	—	15825	13142	13042	10666
小学国家财政性教育经费	57599831	46429953	39730251	32984118	26742621	—	16695144	14735198	12686977	11641507

续表

指标	2011 年	2010 年	2009 年	2008 年	2007 年	2006 年	2005 年	2004 年	2003 年	2002 年
普通小学国家财政性教育经费	57596542	46425984	39725715	32978952	26738863	—	16690390	14731537	12680740	11636869
农村普通小学国家财政性教育经费	37249144	30419740	26425549	22236241	18069991	—	10794943	9253267	7664066	7100911
成人小学国家财政性教育经费	3289	3969	4536	5166	3758	—	4754	3661	6237	4638
特殊教育学校国家财政性教育经费	766927	683805	454816	382492	288135	—	211485	170528	147471	133195
幼儿园国家财政性教育经费	4156986	2443526	1662739	1329444	1028269	—	657238	545001	462390	416389
教育行政单位国家财政性教育经费	2989852	2605378	2140294	2358725	1587424	—	—	—	—	—
教育事业单位国家财政性教育经费	7712373	5200421	4639216	4669140	3558280	—	—	—	—	—
其他类别学校国家财政性教育经费	1972571	5227143	3924163	3178274	2633418	—	3249127	2321526	1898208	1782495

资料来源：国家统计局。

附表 4－13 **2012—2020 年财政性教育经费** 单位：万元

指标	2020 年	2019 年	2018 年	2017 年	2016 年	2015 年	2014 年	2013 年	2012 年
国家财政性教育经费	429081543	400465452	369957704	342077546	313962519	292214511	264205821	244882177	231475698

资料来源：国家统计局。

附表 4－14 **2012—2020 年教育经费** 单位：万元

指标	2021 年	2020 年	2019 年	2018 年	2017 年	2016 年	2015 年	2014 年	2013 年	2012 年
教育经费	—	530338681	501781166	461429980	425620069	388883850	361291927	328064609	303647182	286553052

资料来源：国家统计局。

附表 4－15 **各类学校教育经费** 单位：万元

指标	2011 年	2010 年	2009 年	2008 年	2007 年	2006 年	2005 年	2004 年	2003 年	2002 年
教育经费	238692936	195618471	165027065	145007374	121480663	98153087	84188391	72425989	62082653	54800278
高等学校教育经费	70208740	56290771	47827760	43468780	37623007	—	26578618	22576459	18736788	15832129
普通高等学校教育经费	68802316	54978649	46450089	42102369	36341851	—	25502371	21297613	17543468	14878590
成人高等学校教育经费	1406423	1312122	1377670	1366410	1281156	—	1076248	1278846	1193320	953539

续表

指标	2011 年	2010 年	2009 年	2008 年	2007 年	2006 年	2005 年	2004 年	2003 年	2002 年
中等职业学校教育经费	16385030	13573099	11988675	10492435	8517983	—	—	—	—	—
中等专业学校教育经费	7560390	6065512	5134365	4378243	3473353	—	2711220	2650782	2592065	2505374
职业高中教育经费	6177797	5092958	4708237	4342575	3479313	—	—	—	—	—
技工学校教育经费	1854712	1696444	1462059	1148415	994454	—	584841	488899	425408	366761
成人中专学校教育经费	792131	718186	684014	623202	570862	—	470959	454386	413751	406195
中学教育经费	66709034	54210868	47680923	41291006	34524462	—	25930835	22265210	19147185	16704638
普通中学教育经费	66607151	54164955	47634304	41239914	34482325	—	25896132	22230171	19120716	16682290
普通高中教育经费	24943611	20033460	17794435	16022356	13935044	—	—	—	—	—
普通初中教育经费	41663540	34131495	29839869	25217559	20547281	—	—	—	—	—
农村普通初中教育经费	22879621	19009185	16975027	14282395	11043073	—	—	—	—	—
成人中学教育经费	101883	45913	46619	51091	42137	—	34703	35040	26469	22349
小学教育经费	60124183	48874755	42173872	35512328	29487237	—	20321075	18051062	15754519	14485878

续表

指标	2011 年	2010 年	2009 年	2008 年	2007 年	2006 年	2005 年	2004 年	2003 年	2002 年
普通小学教育经费	60120841	48870719	42169241	35507037	29482975	—	20315176	18045650	15742418	14480218
农村普通小学教育经费	37975040	31165811	27230002	22981915	18834664	—	12394754	10703845	8966438	8389831
成人小学教育经费	3342	4036	4631	5292	4262	—	5899	5412	12101	5660
特殊教育学校教育经费	790439	719083	482851	410125	311627	—	235842	193181	167411	151392
幼儿园教育经费	10185761	7280143	2447892	1988416	1571389	—	1045524	875169	742577	675844
教育行政单位教育经费	3281499	2906046	2463587	2659507	1912362	—	—	—	—	—
教育事业单位教育经费	8777740	6269455	5733982	5698156	4598098	—	—	—	—	—
其他类别学校教育经费	2230510	5494252	4227524	3486623	2934499	—	4389347	3337863	2788807	2608238

资料来源：国家统计局。

附表 4 – 16　　2012—2020 年民办学校办学经费

单位：万元

指标	2020 年	2019 年	2018 年	2017 年	2016 年	2015 年	2014 年	2013 年	2012 年
民办学校办学经费	2292516	2201304	2406210	2250061	2032733	1876620	1313476	1474089	1281753
高等学校民办学校办学经费	—	—	—	—	—	—	—	—	—

资料来源：国家统计局。

附表 4－17　　各类民办学校办学经费

指标	2011 年	2010 年	2009 年	2008 年	2007 年
民办学校办学经费	1119320	1054254	749829	698479	809337
高等学校民办学校办学经费	332915	269647	330962	301687	319221
普通高等学校民办学校办学经费	332915	269647	330962	301687	318788
成人高等学校民办学校办学经费	—	—	—	—	433
中等职业学校民办学校办学经费	128688	129023	127871	94754	73563
中等专业学校民办学校办学经费	58264	56022	57842	37436	25661
职业高中民办学校办学经费	55130	56106	56969	51797	34694
技工学校民办学校办学经费	7359	10522	7639	3538	6989
成人中专学校民办学校办学经费	7934	6373	5420	1982	6219
中学民办学校办学经费	215221	244850	178384	196998	281573
普通中学民办学校办学经费	215221	244850	178384	196993	281218
普通高中民办学校办学经费	76990	98710	70572	87645	156258
普通初中民办学校办学经费	138231	146140	107812	109348	124959

续表

指标	2011 年	2010 年	2009 年	2008 年	2007 年
农村普通初中民办学校办学经费	41211	18328	22314	21037	14992
成人中学民办学校办学经费	—	—	—	5	355
小学民办学校办学经费	149897	129502	112522	104857	134938
普通小学民办学校办学经费	149897	129502	112522	104857	134938
农村普通小学民办学校办学经费	48293	36081	28366	21073	18069
成人小学民办学校办学经费	—	—	—	—	—
特殊教育学校民办学校办学经费	174	112	90	184	42
幼儿园民办学校办学经费	292425	281120	—	—	—

资料来源：国家统计局。

附表 4－18　　2012—2021 年其他教育经费

单位：万元

指标	2021 年	2020 年	2019 年	2018 年	2017 年	2016 年	2015 年	2014 年	2013 年	2012 年
其他教育经费	—	10751091	10865637	10735993	10866754	9309860	8233597	7477031	7173384	6640278

资料来源：国家统计局。

附表 4－19　　各类学校其他教育经费　　单位：万元

指标	2011 年	2010 年	2009 年	2008 年	2007 年	2006 年	2005 年	2004 年	2003 年	2002 年
其他教育经费	6341005	5724045	5435371	5115225	5166242	4206736	3723842	3240414	2721943	2278722
高等学校其他教育经费	3857995	3300367	3122499	2923763	2886360	—	4887286	4013863	3446916	2995298
普通高等学校其他教育经费	3795366	3229068	3023369	2835082	2781040	—	4662641	3785362	3220992	2840985
成人高等学校其他教育经费	62629	71299	99130	88681	105320	—	224645	228501	225923	154314
中等职业学校其他教育经费	414334	415713	328463	320249	337523	—	—	—	—	—
中等专业学校其他教育经费	202024	219483	156799	150504	160165	—	316374	318931	302090	291443
职业高中其他教育经费	103989	95971	100154	109766	110111	—	—	—	—	—
技工学校其他教育经费	86597	76692	48876	37990	42495	—	145148	120677	99512	91700
成人中专学校其他教育经费	21724	23568	22634	21988	24753	—	81871	81062	79180	78638
中学其他教育经费	871402	867081	934766	913175	950063	—	3369600	2895659	2556419	2149153
普通中学其他教育经费	868350	863040	930844	908915	947033	—	3360286	2889239	2549577	2144507
普通高中其他教育经费	442751	429297	490242	470763	451892	—	—	—	—	—

续表

指标	2011 年	2010 年	2009 年	2008 年	2007 年	2006 年	2005 年	2004 年	2003 年	2002 年
普通初中其他教育经费	425599	433743	440601	438151	495142	—	—	—	—	—
农村普通初中其他教育经费	161440	177987	166409	165605	183274	—	—	—	—	—
成人中学其他教育经费	3052	4041	3922	4261	3030	—	9314	6420	6842	4647
小学其他教育经费	517155	526018	513018	466380	514650	—	1281470	1150369	1103084	1039698
普通小学其他教育经费	517137	526017	513006	466373	514621	—	1281251	1150016	1098320	1039455
农村普通小学其他教育经费	217073	244855	232265	195418	225974	—	501678	437169	377841	370275
成人小学其他教育经费	18	2	12	8	29	—	220	353	4765	243
特殊教育学校其他教育经费	10385	18434	11323	10078	8898	—	16858	14083	13313	12025
幼儿园其他教育经费	188575	163217	42151	41522	45248	—	219462	178267	147984	134486
教育行政单位其他教育经费	144567	108718	122463	101763	104515	—	—	—	—	—
教育事业单位其他教育经费	269914	272369	303647	283634	276907	—	—	—	—	—
其他类别学校其他教育经费	66679	52128	57042	54661	42080	—	1116908	992868	877114	800744

资料来源：国家统计局。

附表 4 – 20

2012—2020 年各类学校社会捐赠经费

单位：万元

指标	2020 年	2019 年	2018 年	2017 年	2016 年	2015 年	2014 年	2013 年	2012 年
各类学校社会捐赠经费	1172355	1013752	947574	849974	810447	869960	796700	855445	956919

资料来源：国家统计局。

附表 4 – 21

各类学校社会捐赠经费

单位：万元

指标	2011 年	2010 年	2009 年	2008 年	2007 年	2006 年	2005 年	2004 年	2003 年	2002 年
各类学校社会捐赠经费	1118675	1078839	1254991	1026663	930584	899078	931613	934204	1045927	1272791
高等学校社会捐赠经费	434534	299818	263895	290000	274666	—	211956	216321	257366	279514
普通高等学校社会捐赠经费	431870	296357	261761	286343	271809	—	210796	215440	256375	278253
成人高等学校社会捐赠经费	2664	3461	2134	3657	2857	—	1160	882	991	1261
中等职业学校社会捐赠经费	24765	25515	38950	30598	28909	—	—	—	—	—
中等专业学校社会捐赠经费	9058	8991	9787	16354	8637	—	5537	4812	6433	8203
职业高中社会捐赠经费	13427	14478	26182	12715	18599	—	—	—	—	—
技工学校社会捐赠经费	1757	461	2678	800	1027	—	967	313	951	1159
成人中专学校社会捐赠经费	523	1585	303	730	646	—	1017	881	905	2185
中学社会捐赠经费	363248	406119	529660	368121	313234	—	386405	401724	485117	599214

续表

指标	2011 年	2010 年	2009 年	2008 年	2007 年	2006 年	2005 年	2004 年	2003 年	2002 年
普通中学社会捐赠经费	363154	406100	529597	368079	313204	—	386380	401681	485058	599146
普通高中社会捐赠经费	186050	181846	241978	155034	129281	—	—	—	—	—
普通初中社会捐赠经费	177105	224254	287620	213045	183922	—	—	—	—	—
农村普通初中社会捐赠经费	63884	87612	118134	82297	56506	—	—	—	—	—
成人中学社会捐赠经费	94	19	63	42	31	—	26	43	59	68
小学社会捐赠经费	218537	260262	344857	269479	263988	—	268410	254102	254164	327885
普通小学社会捐赠经费	218537	260262	344857	269479	263988	—	268409	254101	254161	327885
农村普通小学社会捐赠经费	102146	118665	169537	123321	110054	—	127271	113535	119639	175006
成人小学社会捐赠经费	—	—	—	—	—	—	1	0	4	1
特殊教育学校社会捐赠经费	5221	6424	4899	4302	3751	—	3523	4779	2455	2868
幼儿园社会捐赠经费	50189	50214	18365	14505	15228	—	18843	13665	12488	14908
教育行政单位社会捐赠经费	11909	13959	22306	22948	11439	—	—	—	—	—
教育事业单位社会捐赠经费	9971	15895	29954	25108	15064	—	—	—	—	—
其他类别学校社会捐赠经费	303	634	2105	1602	4305	—	23312	23470	13485	24998

资料来源：国家统计局。

附表 4－22　　2012—2021 年各类学校教育经费事业收入　　单位：万元

指标	2021 年	2020 年	2019 年	2018 年	2017 年	2016 年	2015 年	2014 年	2013 年	2012 年
各类学校教育经费事业收入	—	87041177	87235021	77382499	69575734	62768292	58097239	54271581	49262087	46198404

资料来源：国家统计局。

附表 6－23　　各类学校加总教育经费事业收入　　单位：万元

2011 年	2010 年	2009 年	2008 年	2007 年
44246927	41060664	35275939	33670711	31772357
24620019	22767733	20836562	19328770	17661572
24007176	22165552	20188915	18644142	16987027
612843	602181	647647	684628	674545
3226600	3320022	3351544	3224121	2956031
1619122	1629680	1602827	1515101	1327253
942754	998793	1059045	1078746	1034984
522612	537846	524512	465315	425050
142113	153703	165160	164959	168743
8144614	7918407	7694347	7665883	7618742

续表

2011 年	2010 年	2009 年	2008 年	2007 年
8136799	7908922	7683630	7645672	7602049
6238204	6105258	5898236	5696493	5249418
1898595	1803665	1785394	1949178	2352631
304463	303436	354649	441223	465003
7815	9485	10718	20211	16693
1638763	1529020	1473223	1687494	1831040
1638729	1528954	1473141	1687377	1830565
358382	346471	374285	405862	410576
35	65	82	118	476
7733	10308	11722	13068	10801
5497586	4342065	724637	602945	482644
135171	177992	178525	176071	208985
785483	780770	761166	720274	747847
190958	214348	244214	252086	254695

资料来源：国家统计局。

附表 4－24

2012—2021 年各类学校学杂费

单位：万元

指标	2020 年	2019 年	2018 年	2017 年	2016 年	2015 年	2014 年	2013 年	2012 年
各类学校教育经费学杂费	67614302	66863024	58958343	52932815	47709339	43173611	40530393	37376869	35048301

资料来源：国家统计局。

附表 4－25

各类学校学杂费

单位：万元

指标	2011 年	2010 年	2009 年	2008 年	2007 年	2006 年	2005 年	2004 年	2003 年	2002 年
各类学校学杂费	33169742	30155593	25155983	23492983	21309082	15523301	15530545	13465517	11214985	9227792
高等学校学杂费	18623612	17245423	15939087	14742862	12774453	—	8379126	6938658	5487493	4264517
普通高等学校学杂费	18121026	16760756	15403469	14181277	12231914	—	7919249	6476921	5057307	3906526
成人高等学校学杂费	502586	484667	535617	561586	542539	—	459877	461737	430187	357991
中等职业学校学杂费	2668384	2765577	2778156	2623644	2401011	—	—	—	—	—
中等专业学校学杂费	1350180	1381849	1357866	1269791	1098837	—	862351	860022	857517	824108
职业高中学杂费	803664	844424	892282	884991	841389	—	—	—	—	—
技工学校学杂费	436450	447771	428558	375070	355015	—	162002	134384	96549	77189
成人中专学校学杂费	78090	91533	99450	93793	105770	—	88852	88798	86506	85063

续表

指标	2011 年	2010 年	2009 年	2008 年	2007 年	2006 年	2005 年	2004 年	2003 年	2002 年
中学学杂费	5770465	5356601	4971681	4789157	5032149	—	3872267	3427590	2926107	2433371
普通中学学杂费	5769061	5354371	4969428	4782959	5027409	—	3866867	3422032	2921567	2428480
普通高中学杂费	4546108	4357491	4071948	3926919	3709708	—	—	—	—	—
普通初中学杂费	1222954	996880	897480	856040	1317701	—	—	—	—	—
农村普通初中学杂费	173901	144594	142380	117345	112389	—	—	—	—	—
成人中学学杂费	1403	2231	2252	6197	4740	—	5401	5558	4540	4891
小学学杂费	1141006	896042	760280	767626	989097	—	1525971	1450088	1283907	1156260
普通小学学杂费	1141006	896042	760280	767626	988689	—	1525781	1449915	1283797	1156107
农村普通小学学杂费	223509	166854	158898	107332	85598	—	952223	899874	804892	743639
成人小学学杂费	—	—	—	—	408	—	190	173	110	153
特殊教育学校学杂费	1435	561	301	107	2788	—	3565	3792	4172	3304
幼儿园学杂费	4927263	3841975	635670	489217	176184	—	149981	138235	119716	110061
其他类别学校学杂费	37577	49414	70809	80370	109584	—	—	—	—	—

资料来源：国家统计局。

参考文献

柏豪：《中国人力资本内需与教育产业发展研究》，《山东社会科学》2019 年第 3 期。

蔡晓东、孙旭东：《终身教育视野下成人高校非学历教育发展的路径选择——以北京开放大学为例》，《北京宣武红旗业余大学学报》2020 年第 1 期。

陈敏艳、张洁：《学历教育与非学历教育接轨策略研究》，《中国多媒体与网络教学学报》（中旬刊）2019 年第 7 期。

陈其晖、倪丽娥、杨劲松：《认知风格、互动教学策略对教学效果的影响研究》，《教学与管理》2022 年第 27 期。

陈瑶琴：《高校开展非学历教育的现状分析及建议》，《人才资源开发》2015 年第 18 期。

崔吉义、张健：《国内外非正规教育与非学历教育的概念辨析》，《高教学刊》2016 年第 20 期。

高小军：《我国高校网络教育学习质量研究》，博士学位论文，华东师范大学，2022 年。

何海新：《高校非学历教育培训项目的设计与开发策略研究——以江苏高校为例》，《市场周刊》（理论研究）2016 年第 5 期。

呼达古拉、旭昕、包权：《国际比较视野下的开放大学非学历教育发展趋势》，《云南开放大学学报》2021 年第 4 期。
李本友：《普通高校非学历教育发展：教育资源开发的视角》，《继续教育研究》2020 年第 2 期。
李丹：《我国高校非学历教育发展探究》，《产业与科技论坛》2021 年第 19 期。
李莹：《高校非学历教育课程建设探索》，《成人教育》2021 年第 10 期。
刘白玫：《高等院校非学历教育实践性研究》，《中国冶金教育》2015 年第 5 期。
刘颖：《开封市民办非学历教育机构的管理问题及对策研究》，《开封文化艺术职业学院学报》2021 年第 9 期。
罗英姿、李芹、韩纪琴等：《高校研究生教育国际化评价指标体系构建初探》，《学位与研究生教育》2009 年第 11 期。
农春仕：《大学国际化评价指标体系的构建》，《黑龙江高教研究》2021 年第 2 期。
邵利群：《拓宽成人非学历教育渠道　服务地方产业转型升级》，《铜陵职业技术学院学报》2015 年第 3 期。
孙平：《艺术类高职非学历教育教学管理模式实践探究——以苗族银饰工艺创新设计人才培养项目为例》，《湖北开放职业学院学报》2021 年第 6 期。
王福胜、李海伟：《三维视角下的普通高校非学历继续教育发展规律》，《高等继续教育学报》2018 年第 4 期。
王慧芳：《高等院校非学历继续教育发展研究》，硕士学位论文，华东师范大学，2014 年。
王健：《地方综合性大学非学历教育发展思考与探索——以苏州大学为例》，《中国成人教育》2015 年第 1 期。
王健：《高校教育培训市场化转型探讨》，《时代教育》2015 年第 19 期。
王祖林：《我国大学院系国际化实施困境与推进策略》，《高校教育管理》

2017 年第 4 期。
吴留戈、刘冬宇：《高校非学历职业教育培训的现状与对策研究》，《南宁职业技术学院学报》2017 年第 4 期。
吴学松：《高等非学历教育品牌构建策略研究》，《成人教育》2017 年第 10 期。
肖铭：《基层电大非学历教育管理问题的若干思考》，《科教导刊》（下旬）2020 年第 15 期。
许宝丰：《职业教育与电大非学历教育的深度融合探索》，《电大理工》2019 年第 2 期。
叶靓：《高校非学历教育培训的新常态》，《信息化建设》2016 年第 3 期。
叶晓汀、王斌：《基于“三元主体”的高校非学历教育办学新模式研究》，《当代继续教育》2021 年第 1 期。
于舒洋、张清利：《开放大学非学历教育发展研究——基于北京开放大学的实践探索》，《北京宣武红旗业余大学学报》2020 年第 3—4 期。
张宏伟、丰壮丽：《学历教育与非学历教育融通发展探究——以投资与理财专业为例》，《济南职业学院学报》2017 年第 4 期。
张雅婷、陈萍萍、任伟：《非学历教育在广播电视大学转型发展中的策略研究——以新疆广播电视大学为例》，《新疆广播电视大学学报》2020 年第 4 期。
赵锋：《以高职院校为平台的非学历教育模式初探——基于“企校政”协同视角》，《成人教育》2016 年第 10 期。
赵丽雯：《财商学历教育与非学历教育融合发展路径探索》，《质量与市场》2021 年第 11 期。
周勇：《复杂巨系统评价》，《评价通讯》2022 年第 1 期。
周勇：《评价对象的“评价”》，《评价通讯》2022 年第 3 期。
周勇：《正确处理科研评价八对关系》，《中国社会科学报》2021 年第

2231 期。

庄磊：《我国高校非学历教育发展政策分析与建议》，《大学教育》2021 年第 7 期。

《2020 年全国教育事业发展统计公报》，中华人民共和国教育部政府门户网站，http：//www. moe. gov. cn/jyb _ sjzl/sjzl _ fztjgb/202108/t20210827_ 555004. html。

《教育部办公厅关于全国普通高等学校民族预科班、民族班招生、管理等有关问题的通知》，http：//www. moe. gov. cn/srcsite/A09/moe _ 751/200408/t20040817_ 958. html。

后　　记

高质量发展是全面建设社会主义现代化国家的首要任务。围绕高质量发展，党的二十大报告提出要加快建设高质量教育体系，加快实现高水平科技自立自强，培养造就大批德才兼备的高素质人才，促进高质量充分就业，人民生活全方位改善。这些目标的实现都离不开学历教育和非学历教育的全面发展，都离不开终身学习，尤其高层次非学历教育。高校非学历教育作为现阶段中国高层次非学历教育的重要组成，是我近年的重点研究领域。

中国高校非学历教育事业正面临着一个更加泛化的背景，比如它越来越突破传统的教育领域，在消费领域扮演重要角色，高层次非学历教育消费是发展型、素质型、品质型消费，对于改善人民群众生活，提高生活层次、水平具有重要意义。非学历教育存在多种消费业态、形态，可以依托一定的消费场景实现，需要市场创新发展。同时为促进消费也需要非学历教育，比如需要广泛开展以提高城市社区和乡村居民综合素养和生活品质为目的社会生活教育和素养培育。需要将以教育事业、教育产业为内容的供给端和以教育消费为内容的需求端结合在一起，研究高校非学历教育，完善中国供求分析，更全面把握中国经济社会系统。

我对高校非学历教育领域的关注既源于国家大政方针政策，也源于我的经历，我学习、工作期间曾经接受过数次重要的非学历教育培训，比如教育部主办的全国青年数学教师培训班、母校中南大学举办的大学生数学建模培训班。作为文科出身的科研人员，这些培训对我的知识和技能水平提高有很大的帮助。我还曾经作为单位培训中心负责人筹划、经营过培训，见识了这一行业的蓬勃生机、积极的社会效应及事业发展的美好前景。也是在亲身经历培训事业，遇到现实工作中的许多重大瓶颈问题，才让我下定决心，作为一个科研人员，除了实践探索，更应加强理论探讨，献策国家教育领域改革开放和政策完善，促进高校非学历教育行业健康发展。

近年，我带领团队，对非学历教育，尤其中国高校非学历教育展开了研究。作为中国高校非学历教育评价领域的全面、综合、开创性研究，我的成果具有较大的创新性。一是理论创新，将高校非学历教育研究由教育领域，更多推向产业领域、消费领域。已有的研究更多从教育功能、事业职能的角度展开，较少从产业角度展开，尤其很少从消费角度展开。随着教育从生存型、必要型向发展型、品质型转变，中国迫切需要从市场、社会化、消费角度对高校非学历教育进行研究。这既是推进高校非学历教育转型升级的需要，也是促进区域制造业和服务业发展，比如生产中心、消费中心建设的需要。二是评价创新。构建高校非学历教育综合评价体系，包括高校非学历教育事业发展评价体系、高校非学历教育产业发展评价体系、高校非学历教育消费发展评价体系，对其社会服务和市场发展、供给端和需求端进行综合评价。

依据基本理论、现实功能、国家文件精神，在作者的研究框架中，高校非学历教育包括事业、产业、消费三方面。因为新冠疫情爆发，这几年我们的研究受到了很大限制。现在呈现给读者的主要是高校非学历教育事业的研究内容，其他两方面的研究报告会后续推出。在此，我首先要感谢我的父亲周积善先生和石顺梅女士，他们年迈，却坚强保持着生活自理，不愿给我们做子女的添麻烦，一直默默地支持着晚辈；也要感谢夫人李清英女士，她一直照顾家庭，默默支持我，还有我的双胞胎女儿周承泽、周启文，她们以健康成长、不错的成绩让我有成就感。我还要感谢中国社会科学院数量经济与技术经济研究所的领导和同志们，是他们给我提供了实践机会。感谢中国社会科学院大学黄埔高等研究院的各位领导，是他们积极推动了项目立项和实施。感谢中国社会科学出版社，是他们在较短时间内完成了报告的编辑、出版等工作，并提出了宝贵的意见。还有研究生耿小雨同学和其他团队成员，不一一列举，没有他们本研究不大可能完成。

周　勇

于北京密云栗林山庄

2023 年 5 月 18 日